别输在不会说话上

情景口才实战训练

邓兮 ◎ 编著

中国纺织出版社

内 容 提 要

沟通能力和表达技巧是年轻人闯荡社会的重要技能，能说会道的年轻人，总能在竞争中脱颖而出。本书是一部实用的口才技能提升宝典，将教会你如何顺畅地与陌生人展开交流，如何在不同的场合与不同的人交谈。如何在短时间内发现对方的兴趣，如何表达更能打动人心等。书中有针对性地分析了如何讲赞美激励的话、批评说服的话、委婉拒绝的话、理解宽容的话以及幽默激将的话的妙技和高招。在你阅读本书之后，你会发现说话的魔力超乎你的想象，书中许多实用性强的技巧会让你在与人沟通时口若悬河、应对自如，让自己不输在说话上。

图书在版编目（CIP）数据

别输在不会说话上. 2，情景口才实战训练 / 邓兮编著. --北京：中国纺织出版社，2018.7（2024.4重印）
ISBN 978-7-5180-4941-7

Ⅰ.①别… Ⅱ.①邓… Ⅲ.①语言艺术—通俗读物 Ⅳ.①H019-49

中国版本图书馆CIP数据核字（2018）第079713号

责任编辑：闫 星 特约编辑：王佳新 责任印制：储志伟

中国纺织出版社出版发行
地址：北京市朝阳区百子湾东里A407号楼 邮政编码：100124
销售电话：010—67004422 传真：010—87155801
http://www.c-textilep.com
E-mail: faxing@c-textilep.com
中国纺织出版社天猫旗舰店
官方微博http://weibo.com/2119887771
北京兰星球彩色印刷有限公司印刷 各地新华书店经销
2018年7月第1版 2024年4月第3次印刷
开本：710×1000 1/16 印张：13
字数：123千字 定价：65.00元

凡购本书，如有缺页、倒页、脱页，由本社图书营销中心调换

前言

我们都知道,人与人之间沟通的主要媒介就是语言,会不会说话真的太重要了。刘勰曾经在《文心雕龙》中感叹道:"一言之辩重于九鼎之宝;三寸之舌强于百万之师。"在西方,有位哲人也说过:"世间有一种成就可以使人很快完成伟业,并获得世人的认识,那就是口才。"这都强调了口才的重要性。当而今社会,口才更是我们任何一个人必须要掌握的一项基本的生存技能,是决定一个人做事成败的关键因素。

现在,我们来想想看,在我们生活中的周围,是不是有这样的人:他们看起来并不出众,但就是走到哪里都受到别人的欢迎,成功也比别人来得更快!这是因为他们懂得说话,事实上,任何一个成功者,他们的秘密都在于他们掌握了说话的技巧,总是能说出让别人感到愉快的话。并且,这些能说会道的人也总具备一种魔力,他们总是能用语言引导他人,让别人跟着他的思维走,为他所用。

的确,口才好、会说话的人总是能左右逢源,他们能得到那些素不相识的人的支持,能带动交际场合的说话氛围,能效率与他人之间的误会,能说服他人、达到自己的目的。

会说话更是一种立足社会的能力,卓越的口才是增加自身魅力的砝码,更是让你在生活中、在职场中御风而行的有力武器。好的口才可以改变一个人的命运,可以帮助你成就一番事业。

可见，一个人说话水平的高低，已成为其生活及事业自古取得成功的关键因素。口才好的人具有较强的人际交往能力，能办成一般人办不成的事，从而在社会竞争和实际生活中处于主动地位。

因此，我们必须从现在起，就在生活和工作中有意识地提高自己的说话水平，因为任何人都不是天生的语言学家，都不可能生来就掌握说话技。事实上，任何人，只要做到不断学习和提高，都能轻松驾驭语言，轻松地与人交流。

事实上，可能我们每个人的都希望找到一个语言导师来帮助自己提高说话水平。但寻找的过程是艰难的，这里，我们推荐此书。

通过本书，我们能认识到说话能力在当今社会中的重要性，也能欣赏到古今中外口才经验与智慧的总结，本书从生活中的各个场景出发，给出了具体的训练方法，从而教会我们如何提高自己的说话能力，相信会对广大读者有所帮助。

编著者

2018年2月

目录

第01章　开篇：会说话，自由任我走天下 →001

语言，另外一张面孔 →002
让口才弥补外在缺陷 →004
袒露胸怀，打开幸福之门 →007
别让不逊毁了形象 →010
增长见识，让话题时时新鲜 →013

第02章　情景一：初次见面，让口才留下好印象 →019

亲切让聊天变得更自然 →020
直爽交流，亮出特色 →023
说话讲究礼数 →025
说好开头，烦恼无忧 →027
场面话让陌生感全无 →030
共同话题让陌生变为熟悉 →032

第03章　情景二：有求于人，打通语言诉求关卡 →037

直入主题，更容易获得帮助 →038
用恰当酬谢满足对方心理 →040
表现急切，增加获得帮助的机会 →043
能屈能伸，让对方另眼相看 →045
淡定从容，方能驶得万年船 →047

"戴高帽"比强迫来得更有效 →050

第04章　情景三：摆脱窘境，巧言妙语解尴尬 →053

转移话题，减少摩擦与争执 →054

小技巧帮你打破冷场 →057

用幽默增进双方和谐 →059

给他人台阶下，才能成就自我 →061

事实胜于雄辩 →063

第05章　情景四：辗转职场，光明磊落惹人爱 →067

详略得当地自我介绍更抓人眼球 →068

遇到敏感问题须巧妙应对 →070

适时探寻与工作相关的事宜 →074

用沉稳热情，获得考官青睐 →078

随机应变，不在一棵树上吊死 →081

扬长避短地说话，让考官从心里欣赏你的优势 →083

第06章　情景五：接触领导，正确处理上下级关系 →089

养成汇报工作的好习惯 →090

摆正位置，避免与上司争执 →093

准备充分，让工作效率大大提升 →095

提反对意见要分场合 →098

向领导抱怨，要讲究方式方法 →100

用妙语化解与上司的矛盾 →102

第07章　情景六：激情演讲，散发无限风光魅力 →107

有门道的演讲开头与结尾 →108

意外冷场的独门技巧 →112

抑扬顿挫，调动听众情绪 →114

发自肺腑，方能入耳入心 →117

用悬念吊起听众胃口 →120

精彩一语赢得满堂彩 →123

第08章　情景七：话术谈判，让双赢无处不在 →127

言语直击内心，怦然心动 →128

示弱，令对方放松警惕 →130

用刚强之词使对方屈服 →132

用迂回言语攻破对方防线 →133

虚张声势，顺水推舟 →136

第09章　情景八：口吐莲花，用语言艺术留住新老客户 →139

巧妙表达让顾客回心转意 →140

不同脾气，区别对待 →142

售后服务应一以贯之 →144

有效沟通，询问客户的真正需求 →147

不要用生硬语气拒绝客户 →150

不吝赞美，让客户心服口服 →153

第10章　情景九：交朋识友，让情谊四季常青 →157

设身处地，帮朋友出谋划策 →158
顾及他人情绪，莫要一意孤行 →161
即使是亲密朋友，也不要向他全权吐露自己的心事 →163
当好"垃圾桶"，为朋友保驾护航 →166
朋友之间无高下 →168

第11章　情景十：保鲜爱情，让好口才为甜蜜增分 →171

甜言蜜语，增添生活乐趣 →172
道歉与原谅也可以彰显浪漫 →175
"吵嘴"是增进感情的调味剂 →177
说点"醋话"，让爱人明白你的心 →180
畅谈未来，领会对方意图 →183

第12章　尾篇：因人因事，巧妙避开禁忌话题 →187

杜绝伤害，让话题带来正能量 →188
说话要适应场合 →190
伤口撒盐伤更深 →192
控制好奇心，切忌太八卦 →194
他人是非，与你无关 →197

参考文献 →200

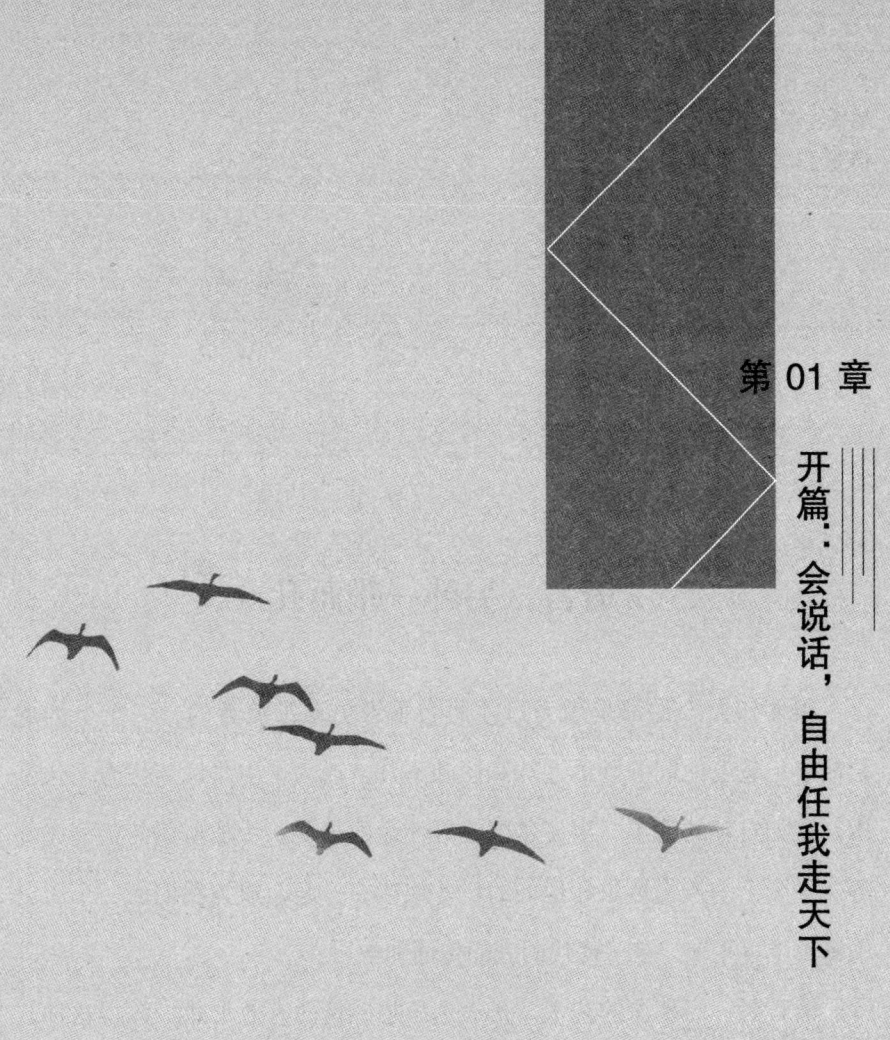

第01章

开篇：会说话，自由任我走天下

语言，另外一张面孔

很多伟大人物都是因为口才而名垂青史万古流芳的，一个个的成语故事记载了他们的妙语连珠和谈吐不凡，成为了中华民族优秀文化基因。比如自荐的毛遂，出使楚国不辱使命的晏婴，舌战群儒的诸葛亮等等。一个个的人物形象和他们的口才连接在一起，成为我们的一个历史图腾，千百年来，被一代代的人们传诵和学习。

语言是一门高深的艺术，是表达思想感情的有效形式。深得这种艺术精髓的人，绝不会勉强别人压制别人，也不会绑架别人的思维，而是巧妙地将别人的思想与自己的言论相接轨，准确、贴切、生动地表达和沟通，让别人对他充满欣赏和崇拜之情。

语言是人的第二张脸，深邃的思想、精辟的见解、睿智的话语会给人留下风流倜傥的印象，而肤浅的思维、庸俗的观念、轻佻的言谈则会留下粗俗不堪的印象。我们在生活之中经常强调要注意自己的形象，而形象之中最大的组成部分则是我们的讲话方式。因此，我们要用广博的知识、优雅的谈吐来作为自己的第二张脸，从而提升个人的魅力。

那么，该怎么样让口才成为自己的第二张脸呢？我们可以从以下几个方面入手：

1.谈吐文明

文质彬彬是我们这个民族对一个人提出的基本要求。因此,在说话的时候,我们要避免说粗话脏话。现在,有很多人把粗鲁的语言当成豪爽,将国骂作为日常用语,交际场合中谈论一些不雅的下流段子,以此来吸引眼球。这样自然会引来别人的目光,但那些眼光中所带有的感情成分绝对没有一个是赞赏的,绝大部分人会对你嗤之以鼻,认为和这样的人交往是对自己人格的侮辱,也降低了自己的品味。哪怕你有着侠义心肠,喜欢助人为乐,平日里乐善好施,但是因为一句粗俗的话就会抹杀你全部的优点,在别人的眼里,你会成为一个地地道道的山野村夫。因此,在说话的过程中,我们要避免说脏话粗话,多使用文明用语。在条件许可的情况下,可以引用一些具有理性的语言,来显示个人的修养。

2.禁用鼻音

很多人由于长期形成的坏习惯,在和别人交谈或者是发表意见的时候,经常会发出"嗯""喔""哼""切"之类的声音。这些话虽然不是粗话脏话,但会给人一种漫不经心的感觉,感情细腻的人甚至会认为这种发音是对别人人格的不尊重,或者表现了你对交谈者的不重视而对你产生反感。

3.不能使用流行语

或许是娱乐电视节目看多了,或者是上网时间太长的原因,越来越多的人在谈话中都夹杂了一些流行语。用"哇塞"表示惊讶,用"哦也"表示兴奋,要么就是用"偶""东东""囧""潮"等词语代替固有的语言。讲这些话的人自以为跟上了时代的步伐,走进了先进者之列，而实际上却并非这样。在校的孩子用这些流行语言可以证明充满活力，但是走上社会的人再说这些单词就显得不合时宜，要么让人觉得是在装嫩，要么让人觉得脑残，还没有摆脱幼稚的阶段。年过而立的人讲这些流行语，会显得不伦不类，有失身份。

4.有修养

有修养的人在谈话的时候都会掌握分寸，懂得礼数，用词规范清雅，不会因为和别人的意见相左而去争辩和驳斥，也不会为了满足自己的好奇心而谈论别人的私生活，更不会用言语去揭别人的伤疤，让人无地自容，下不了台阶。哪怕别人有了错误也不会用教训的口气去指责，而是委婉地进行劝说。当别人在言谈之中无意侵犯自己的时候也不会以牙还牙地进行报复。在交际场合，有修养的人能够做到知礼节，知轻重。能够做到彬彬有礼，进退如仪。有修养的人因为能够达到高尚的境界，也就取得了别人的尊重。

让口才弥补外在缺陷

我们有时候会因为自身的外在缺陷而苦恼，比如平凡的相貌，普通的出身，不高的学历等等。但是，假如拥有一副好的口才，这些缺点和不足就会变得微不足道了，相反的，这些缺陷还会转化为个人的一种优势。我们经常可以见到衣着简朴相貌平平的人能够成为交际场合的重点，吸引着人们的目光，促成这种魅力生成的唯一原因就是口才。好的思想和想法，会通过优美的句子，得体的句式，完美的音质而传达出来，让人们有着美的享受和感悟。

王猛是东晋时期北海人，从小好学，才能非凡，胸怀大志，不屑于琐碎事务，因此，人们都很轻视他。王猛却并不介意，悠然自得地隐居于华阴山下。后来，东晋大将桓温北伐，打到了华山脚下。王猛便披着粗布衣服去拜访他，边摸着虱子边谈论当时的大事，旁若无人。别人都很讨厌这个其貌不扬而又脏兮兮的家伙，纷纷表示要杀了他。但是桓温觉得他与众不同，便问道："我奉天子之命，统帅十万精兵为百姓消灭残存的寇贼，然而三秦的豪杰之士至今没有人前来归附，这是为什么呢？"王猛说："您不远数千里，深入敌土，如今长安近在咫尺而您却不横渡灞水，百姓们不知道您的意图，所以不来。"桓温沉默不语，说不出话来，过了一会儿说："长江以南没有人能够比得上您的才能！"于是就安排王猛暂任军谋祭酒。后来，桓温邀请王猛一同南下回晋，但是考虑到江南的世家大族把持朝政的现实，王猛拒绝了。之后，王猛寻找机会，投奔到了前秦苻坚帐下。

苻坚在和王猛进行一番交谈之后很是高兴，感慨地说："我遇见你，就像是刘玄德遇见诸葛孔明啊！"就任命他做京兆尹。

前秦的社会局面并不平静，氐族贵族豪强飞扬跋扈，从上到下形成了一股强大的社会势力，危害极大。当时都城长安的氐族豪强都是跟随苻坚出生入死的旧人，自认为功劳很大，因此不把王猛放在眼里，横行霸道无法无天，鱼肉乡里。王猛到任之后，就把那些为非作歹的贵族们绳之以法，处以极刑。豪强们愤怒了，联名上书告他滥杀无辜，要求惩治王猛，因为朝廷一些官员的袒护，王猛被抓，后被打入大牢。

苻坚对王猛的行事方式也感到不满，认为这是在动摇前秦国的国本。他决定亲自审讯王猛。他怒气冲冲地对王猛说："处理政务的根本是要把德化放在首位，而你上任不久就滥杀无辜，这也太残酷了！现在搞的民怨沸腾，我看你还有何话说！"此时王猛如果低头承认错误的话，说不定就会人头落地，最好的结局也不过是免去官职，放归乡里，让那些世家大族看笑话。因此，他坚决不肯承认自己的做法是错误的，理直气壮地对苻坚说："臣听说国家安定的时候实行礼治，国家混乱的时候就要实行法治，陛下不嫌弃我，派我去治理混乱的地方，为陛下剪除歹徒。如今我才杀了一个奸吏，而该杀的还有很多。陛下如果责备我不能杀尽那些坏人，我甘受法律制裁；但如果给我加以酷政的罪名，我实在不能接受。"苻坚听后，怒气全失，明白了王猛的苦心，感动之余就把王猛放了，并且使王猛官复原职。后来，在朝堂上他对大臣们说："王猛就是我的管仲啊。"

王猛长相丑陋，做事又容易得罪人，但是他却通过口才弥补了这些缺陷，先后获得了桓温和苻坚的欣赏和信任。他以口才为敲门砖，开创了一番人生事业，成为了一个流芳千古的人物。

有很多人渴望得到别人的欣赏，但是却有一种很大的自卑心理在作怪，他们觉得自己是一个出身平凡、相貌平平、笨嘴拙舌的无能之辈，没有资格在交际场合中和别人打交道。这种想法是要不得的，当连你自己都看不起自己了，还有谁能够重视你的存在呢？每个人都会存在这一些先天或者是后天的缺陷，但是我们应该学会扬长避短，用语言来弥补这些缺陷，让口才为自己挣得印象分。

唐朝宰相杜佑巡游江南的时候，拒绝接见人。但是有一位叫张祜的书生却偏不信邪，一心想结识他。张祜写了一个署名叫做"钓鳌客"的名帖让人送给杜佑。杜佑看到之后,觉得很奇怪,就破例召见了他。

杜佑问张祜道:"你自称'钓鳖客',那么请你告诉我,你用什么东西做钓竿呢?"张祜回答说:"用长虹!"杜佑又问:"那么吊钩又是什么呢?"张祜说:"用新月!"杜佑再问:"用什么作钓饵呢?"张祜向他深深地做了一个长揖,说道:"用我作钓饵,当然就能钓到鳖鱼了!"杜佑听后抚掌大笑,对这个年轻后生刮目相看,于是就高兴地命手下人设宴款待他。

一人之下万人之上的宰相和一个青衣秀才的距离何止是十万八千里,别说是结交,哪怕是能够看上当朝宰相一眼也是三生有幸。张祜却用短短的几句话让杜佑迅速地认同了他,并和他成了忘年交。

交往的过程中,一个人的形象地位和出身可能会在短时间内抬高他的身价,但是假如失去了八面玲珑的交际手段,和别人谈话的时候表现得过于肤浅和无知,那么就会很快地被人们所淡忘。而一个拥有好口才的人或许会存在一些外在的不足,但是可以通过知识和谈吐来增加自己的人气,为个人魅力增添光彩。

袒露胸怀,打开幸福之门

许多人可能都不知道这样一个秘密:说话可以成为幸福生命的密钥。说话怎么可能为我们的生活带来幸福呢?在现实生活中,许多人是人前话很少,人后却是喋喋不休,他们对着天花板抱怨、对着窗户咒骂,内心所受的委屈以及伤痛瞬间涌现了出来,人们通常把这样的心情叫做"憋屈"。因为在大庭广众之下不敢说、不愿说，结果，自己受到的不公平待遇只能是"哑巴吃黄连——有苦说不出"。这些不敢说话的人，往往也是生活中总是感觉到自己不幸的那一类人。

说话，对人的情绪是有一定影响，心中想什么，就应该大胆地说出来，如此才不会造成内心的压抑和憋屈。话说完了，心中的怨气也就没有了，如此一来，你还会感觉到自己是不幸的吗？因此，我们可以说：幸福生命的密钥就是说话。

美国医药学会前会长大卫·奥门博士曾说过："尽量培养出一种能力，使别人能够了解你的思想和感觉。学习在个人面前、团体面前、大众面前清晰地表达自己的思想和观念。在你通过不断努力而获得进步的时候，你便会发现：你——真正的你，正在人们心目中塑造一种前所未有的印象，产生前所未有的冲击。从这份处方中，你还会得到另外的好处。学会说话，会增强你的自信心，也会使你整个人的性格越来越温和，越来越美好。这将意味着你的情绪已渐入佳境。"这是他曾经开过的一个药方，当时，他还说了这样一句话："在药房里抓不到现成的药，每个人得自己配，你要认为自己不行，那就错了。"

李女士是出了名的"撒气儿夫人"，她就职于一家大公司，并担任了办公室主任。在工作过程中，最让李女士头疼的就是处理纷繁复杂的人际关系，由于她不擅长说话，笨嘴拙舌，她总是将公司里每天发生的那些不顺利的事情憋屈在心里，时间长了，她就养成了"上班受气、回家撒气"的习惯。备受其害又无奈的家人，送了一个"撒气儿夫人"的绰号给她。尽管这样，她与家人的关系也还是越来越糟糕。

李女士经常抱怨："我觉得自己就是最不幸的人，在公司无端端地受别人的气，自己却大气不敢出；回到家，本想撒撒气儿，可家里人也不理解、包容，我真是有苦无处说啊。"面对李女士的个例，心理医生表示说："其实，心中有委屈就是要一吐为快，学会了说话，你的心情就会舒畅起来，工作也会顺心不少，家庭也会和睦起来，如此一来，那些所谓的不幸将会成为一种幸运。"

在生活中，诸如李女士的案例比比皆是，对此，心理学家指出："假如一个人很有主见，当自己受委屈的时候，会在第一时间表明自己的态度，而不会在心中郁积很多的愤怒。"然而，对于大多数中国人来说，他们习惯了忍气吞声，不愿意说出来，结果反而给自己内心积压了更多的压力和不满。因此，如果你就是李女士的影子，那么，请大声发表自己的意见与观点，说出来，你的心里将会舒畅很多。说话，确实是你开启幸福生活的钥匙。

在生活中，许多人之所以会感觉到自己是不幸的，大多在于内心自卑、缺乏勇气。而综合起来，就是不敢或不愿意说话，因此，才会把自己推至到不幸的境地。说话可以为我们的生活带来很多新的改变，不管是情绪上的改变，还是心理上的改变，这些改变都是很有必要的。

1.说话是培养一个人拥有自信和勇气的最佳方式

卡耐基先生说："说话是培养一个人自信和勇气的最佳方式。"当一个人除去在一群人面前说话的恐惧之后，也会克服对自己、对别人以及对生活本身产生的恐惧。大多数人都有这样的体会：当你站在许多人面前说话，说得听众频频点头，大家的目光都在赞许你，还有人在本子上记要点，在说话结束时听众对你抱以热烈的掌声，在散场时有人让你签名，有人找你请教问题，你会对自己产生新的价值认定，心中的自卑感会一扫而光,自信心将得到无比的增长。

2.说话将会减少你内心郁积的怨气

对于那些总是憋屈地生活着的人来说,说话将会减少他们内心郁积的怨气。在心理治疗术里有一种办法叫做空椅子,就是告诉我们缓解压力的根本办法就是接纳自己、大胆表达自己的意见。对此,对于自己所受的委屈以及压力,我们应该真实地通过说话反映出来,如此,你才能感受到生命带来的幸运。

密钥:

假如你觉得你的生命遭遇了不幸,或是升职无望,或是求职失败,或是向异性表白遭遇了拒绝,等等,我相信,大卫·奥门博士所开出的药方——说话,都是十分适合你的。如果你能够真正地学会说话,那么你会发现,幸福的生活正在向你挥手呢!

别让不逊毁了形象

许多人善于言谈,却不是那么会说话,给人的感觉总是很别扭,使人远远避之而唯恐不及,究其原因,就在于说话时少了礼貌的措辞。其实,在日常生活中,说话礼貌是十分有必要的,它是一个人素质的直接体现,也是能够赢得对方尊重的先决条件。有的人说话不礼貌,这样不仅仅会令人厌烦,而且最终只能导致沟通失败。尊重别人就是尊重自己,无论我们在社会上扮演了什么角色,有着什么样的身份,礼貌都是一直维持人际关系不断互动的规则。一个说话礼貌的人走到哪里都会受欢迎，而一个习惯于出口不逊的人，怎么样都得不到别人的喜欢。

章老师是一所高校有名的教授。有一天，一位隔壁学校的同学来找章教授，要章教授做他校外的论文评阅人。因为当时规定，论文答辩时要请一个校外的专家来指导。

这位同学一进门，见章老师的屋里坐了好几位老师在商讨什么问题。他也搞不清哪位是章教授，就张口问道："谁是章炳山呀？"章老师听到这个学生直呼自己的名字，脸色微微一变，几位老师也面面相觑。不过，章老师还是很有礼貌地对他说："我就是，找我有什么事吗？"那位同学大大咧咧地说："噢，你就是章炳山呀，我可早就听说过你了，我是某某教授的学生，我的论文你给我看一下！"章教授到底是有涵养的人，虽然看到这个学生说话没有礼貌，也不过随口说道："那你就放那里吧！"这名学生就把自己的论文往章老师的桌子上一扔，对章老师说："你快点看啊！后天我们要论文答辩，你可别耽误我的事！"章老师这么有涵养的人也忍受不了了，火气顿时上来，他对这位同学说："这位同学请留步。请问一下是谁找谁办事呀？你的论文拿走，我没有时间给你看！"

一向很有涵养的章教授怎么会忍不住生气呢？原因就在于那位同学说话不懂礼貌，章老师是很有名气的教授，至少那位同学也应该礼貌地称呼"章老师"，而不是直呼其名，另外，那位同学话语中透露出"目中无人、随意指使"的不礼貌行为，更让章教授生气。其实，无论是求人办事还是普通的交谈，我们都需要以礼貌的措辞来进行交谈，如果那位同学说话能够礼貌一点，那么章教授一定不会在嘴上为难他，定会乐意帮忙的。

语言本是思想的衣裳，它可以直接表现出一个人的高雅或粗俗。同时，语言交流是一种心灵沟通，要想使彼此之间的沟通畅通无阻，就应该得体地运用礼貌措辞，这样才会让对方感到"良言一句"的温暖，使自己与他人之间的感情很快融洽起来。

1.丰富礼貌用语

在平时生活中，我们习惯这样打招呼"你吃饭了吗？""你到哪里去？"，这样的日常用语显得有点单调、乏味，同时，也缺乏应有的礼貌。这时候，我们应该丰富自己的礼貌用语，比如"早安，你好吗？""请代问全家好"等等。

2.使用礼节性语言

语言的礼节就是寒暄，有一些最常见的礼节语言惯用形式，比如，问候语"您好"，告别语"再见"，致谢语"谢谢"，致歉语"对不起"，回敬语"没关系"、"不要紧"、"不碍事"等等。

3.养成使用敬语、谦词、雅语的习惯

敬语也就是敬辞，表示尊敬、有礼貌的词语。我们常用的敬语有"请"，第二人称"您"，代词"阁下"、"尊夫人"等；谦语是向人表示谦恭和自谦的一种语言，比如称自己为"愚"、"家父"等；雅语是指一些比较文雅的语言，比如你端茶招待客人，应该说："请用茶"。

4.善于言辞

交谈中，一般都会选择大家共同感兴趣的话题，但是，对于一些不该触及的敏感话题，比如对方的年龄、收入、婚姻状况等等，应该尽可能地避开。询问对方这样的信息，这是不礼貌和缺乏教养的表现。

密钥：

何谓礼貌措辞？其实就是我们日常交际中所使用的"敬语"与"谦词"，这些口语表达可以体现出对他人的尊重，诸如"请教、指教"、"劳心、费心"等等。如果我们能在日常交际中使用这些谦词和敬语，对方肯定乐意与你接触，进而与你建立友好和谐的关系。

增长见识，让话题时时新鲜

说话的魅力在于"言之有物"，华丽的词汇、委婉的技巧这些都是语言的点缀，如果言谈中没有值得品味、关注的东西，再美丽的语言都会显得苍白。语言和话题都是与时俱进的，必须时常更新，才能让人们感到新鲜，否则单话题单一、枯燥、落伍，那就会像"祥林嫂"一样，时间久了就会被人们所厌倦。

实战案例：事实造话题

长途旅行，对于很多人来说，是件非常痛苦的事情。除了坐在车上不舒服，身体困乏之外，更主要的是周围都是不认识的人，没有人说话，时间过得越发得慢。但是，对于王丹来说，这并不是一件难事。

这次，她坐火车去新疆出差。和所有人一样，身边坐的都是陌生人。等火车开动了之后，对面的一个年轻人掏出了一份报纸来阅读。王丹笑着说："在关注利比亚局势啊？"

年轻人笑了笑，说："是啊，好几天没看新闻呢，也不知道那边的战争怎么样了。"

王丹说:"还能怎么样啊?各打各的仗呗,西方国家在轰炸,卡扎菲在和反对派在较量。"

年轻人放下报纸,说:"落后就要挨打啊,活生生的例子啊。"

这时候,旁边的一位中年人,说:"你说这帮人,放着好好的日子不过,整天你打我,我打你,遭殃的都是平民老百姓。"

一位戴眼镜的男人说:"还不是为了石油嘛,问题是,打仗真的能把石油抢回去吗?"

年轻人说:"肯定能抢回去,要不然人家就不打了。"

王丹说:"也是,你说说人家一颗炮弹要好多钱的,要是再抢不回石油去,那不是太赔本了吗?"

这时,坐在角落里一直没有吱声的中年妇女,抬起头说:"谁打谁咱管不着,只要别打到咱们中国来就行,与咱们又没啥关系。抢上石油又不给咱们分。"

中年妇女的话引起了一阵哄笑。

王丹接着说:"咱们是分不着石油,可是咱们也受影响啊。"

中年人说:"咱们受什么影响啊,隔着这么远的。"

戴眼镜的男人说:"对咱们的影响可大了,利比亚一打仗,石油输出受阻,国际市场就会吃紧,紧接着石油就会涨价。石油一涨价,各种物价随着就会大涨,我们每个人的实际购买能力就会下降。"

年轻人说:"简单点说,就是我们手里的钱不值钱了。以前三块钱能买个面包,现在得五块钱。"

中年妇女一听,急了,叫道:"那咋成呢,这不是叫我们小老百姓没法过日子了嘛。"

中年人说:"这不是成不成的问题,人家老美说了算啊。"

中年妇女一听:"这帮狼吃的,别落在我手里,要不然要他们好看。"

又是一阵哄堂大笑。

……

故事中的王丹以及周围的一群人,本是互不相识,但是有了"利比亚"这个时事为话题,大家争先恐后地畅所欲言,彼此的心理距离都拉近了很多,融洽了气氛。试想,如果王丹不关注时事,那么这时候便没话可说。由此可见,关注时事,在关键的时候,口中有话题可以交流,只有懂得多才能有的说。

技巧点拨:

那么,如何才能关注身边的时事呢?

1.每天看点时事报道

多看看新闻,读读报纸吧,关心一下这个世界到底发生了什么。关心时事、关心时代大潮,你会发现自己的某些观点会非常独到、新颖、平衡而不偏激。看问题会更加全面,处理事情的方法也会变得新潮而不守旧。

电视、网络、报纸等等都是极好的了解各种信息的手段,最主要的是要有灵敏的嗅觉,能够从现有的知识和信息中探查到某种趋势、某种迹象,才能够最终获得渊博的学识,增广见闻。现代社会是一个信息爆炸的社会,各种知识和信息往往使人们眼花缭乱,不辨真伪。在接收各种信息时,必须要学会去伪存真、去杂留精才能够得到精准的、正确的信息,谈话时才能让人感觉到你的见解的独到。

2. 听听别人讨论什么话题

听听别的女人在讨论什么话题，比如，女人永远不会落后的话题——减肥，前几年的方式可能是减肥药、减肥茶、束身衣。再看看如今，女人们更热衷讨论有氧运动、瑜伽、跳操班或者营养合理的饮食菜单。听听别人的讨论，也算给自己找个方向。

3. 敏锐的观察力和感受力

时事不仅仅是看出来的，也是感受出来的，就算你天天看新闻，读报纸，如果只当成一种消遣，也不会有可谈的内容。将自己感兴趣的信息收集起来，逐渐就能成为一个系统，这样你在某方面的洞察力会更加敏锐，比如房产、时装、文学趋势等，关注时事不是关注所有的新闻，而是有重点地观察生活，感受社会变化，关注自己的内心。

4. 把时事带到自己的谈话当中

有了素材，怎样把这些带到自己的谈话当中去呢？主要有两种方式，当人们谈论某件最近发生的事情时，将你思考的结果、你的结论和观点说出来，如果你的视角非常独特，就会被人们重视和认同。第二种方式是当人们讨论某个观点时，不妨把最近发生的几件时事，或有关联的新闻讲出来，证明你的观点，你的谈话将更有说服力，也会更有趣。

口才点睛：

社交场上的交际能手往往是长袖善舞、八面玲珑的，他们往往什么话茬都能接上，什么都懂一点，说话风趣幽默，一件简单的小事也能被他们说得妙趣横生，让别人听得津津有味。这一切往往要归功于他们见识多，去过的地方多，经历的多，而且感情丰富，感觉敏锐，当然显得格外能说会道。

如果没有机会,也不一定要亲自见识,关注一下时事热点,总能找到自己感兴趣的话题,比如经济的、旅游的、健身的等,时事不仅仅是重大新闻,而且也是生活中人们热衷做的事情,人们关注的热点。

第02章

情景一：初次见面，让口才留下好印象

亲切让聊天变得更自然

称呼，是人与人之间在交往中一方对另一方的称谓。虽然在平日的生活中，我们并没有过多地重视称呼的变化，但实际上，善用称呼才能为你赢得好感。在我们的日常交际中，称呼是一种很友善的问候，也是人与人之间交往的开始。中国自古就是一个文明的国家，逐渐形成了一种文明规范的礼貌称呼，当然，也有朋友之间的昵称或者绰号。因而，在某些时候，怎么称呼别人，成为了一件很讲究的事情。如果你能够称呼恰当，就会让对方感到很亲切，也能够帮助你在人际交往中如鱼得水，事半功倍，给对方留下一个良好的印象。相反，如果你称呼不恰当，往往会惹得对方的不快，甚至使对方产生恼怒情绪，这样也会使双方的交流陷入尴尬的境地，导致交流失败。

"伟明，我们班明天上午第一节课需要教导处安排一下，谢谢你了！"

"海大哥，明天我试教，麻烦你来听一下，多提宝贵意见噢。"

"阿坤，我们班的阳光指数好像有些出入，我想和你讨论一下。"

"萍大小姐，今天下午1点，少儿频道来采访你们班的'道德银行'，你准备一下。"

这些天来，不断地在办公室听到这样的称呼。被称为萍大小姐的方萍老师笑言："刚开始时还觉得不习惯，可后来才发现这样的称呼挺有意思的，比以前的直呼其名亲切多了，我们在这样一种轻松的氛围中愉快地工作，工作效率也提高了不少。"

在小学教育集团的校园里，出现了这样的现象，不论是打招呼，还是公务往来，许多老师之间不再直呼其名，取而代之的是更显亲切的别样称呼。这种变化自从新校长来了之后开始的，当校长亲切地称呼老师的时候，让老师们感觉好像大家是一家人一样。老师们做起事情来也更显主动，增强了集体荣誉感，协调了领导和下属、同事与同事之间的关系。

俗话说：一滴水里见太阳。当你置身于一个校园，听到下属与上司之间彼此的称谓，就可以知道这所学校的文化及员工之间的关系大概如何了。从直呼其名到别样称呼，看似不经意地改变，却让置身于其中的人感到无比亲切，提高了工作效率，增强了集体荣誉感，也协调了上司与下属、同事与同事之间的关系。

如何称呼他人，看似很简单，却是一门不简单的学问。有的人习惯以"请问是某某吗"或者客气地说"某某，您好"，这样直呼其名，一下子就拉开了彼此之间的距离，而且直呼其名也显得很不尊重。那么，这时候，我们就需要以别样称呼来代替直呼其名，如此恰到好处的称呼会让我们的聊天更贴切自然，所产生的交际效果也是意想不到的。

1.不可直呼其名

一直以来，西方主要以直呼其名为称呼的方式，但对于一直主张文明礼仪的中国，这样的称呼方式并不恰当。也许，有的人觉得只要不是自己的父母长辈，只需要以直呼其名来称呼他人就可以了，这样也给自己省去了不少麻烦。殊不知，即便是不怎么熟悉的同事，如果你以直呼其名的方式来招呼他人，只会让对方感觉到自己不受尊重。所以，对于绝大多数人来说，他们都会在正式的拜访场合或者日常的交际场所中舍弃直呼其名而选取别样的称呼，这样反而会给对方一种特别的亲切感。

2.什么是到位的称呼？

有人会感到不解，什么是到位的称呼？顾名思义，也就是适宜的称呼，但是，这样的称呼首先必须是恰当的，还必须以亲切感为原则。除了我们日常生活中稍微正式一点的"某某先生"、"某某小姐"，别样称呼不仅仅体现了尊重的意味，还有别于"先生"、"小姐"带来的生疏感，以一种别样的亲昵缩短双方之间的距离。所以，舍弃直呼其名的称呼方式，选取别样的称呼，这样会让你在复杂的人际交往中应对自如。

3.带点亲昵的称呼

以中国人传统的礼仪，许多人觉得"长幼有序"，而彼此熟悉的同辈之间就可以直呼其名，虽然这样的称呼也是无可厚非的，但是却少了一份亲昵。所以，要想致力于在人际交往中建立融洽的人际关系，就不应该直呼其名，而是选择带点亲昵的称呼，这样在无形之中会拉近彼此的距离，增加亲切感，同时也让聊天变得更加自然。

直爽交流，亮出特色

中国有句古话叫做："乐莫乐兮新相知"，每一个朋友都是在陌生中逐渐熟悉的，忠贞不渝、肝胆相照的朋友也多数是在陌生中建立友谊的。由陌生到熟悉是需要一个过程的，而这个过程是和说话分不开的。好的口才能够迅速地引起对方的兴趣，拉近彼此间的心理距离，最终形成伟大的友谊。因此，在我们和陌生人见面的时候，除了在服装和仪表上注意一下之外，还要懂得如何说话，给第一印象加点"特"色，从而为以后的交往打下良好的基础。

王熙凤作为荣国府的总管依靠的并不仅仅是和王夫人之间的姑侄关系，最重要的是嘴巴上的功夫，迎来送往中，所说的每一句话都让人感到亲切和随和，初次见面，短短的几句话就可以拉近彼此间的距离，很快就能和人成为莫逆之交。比如在林黛玉进贾府的时候，王熙凤短短的几句话就征服了这位孤傲清高的冷美人：

"这熙凤携着黛玉的手，上下细细打量了一回，仍送至贾母身边坐下，因笑道：'天下真有这样标致的人物，我今儿才算见了！况且这通身的气派，竟不像老祖宗的外孙女儿，竟是个嫡亲的孙女儿，怨不得老祖宗天天口头心头一时不忘。只可怜我这妹妹这样命苦，怎么姑妈偏就去世了！'"

如此亲切而又热烈的话一说出口，哪怕林黛玉下车之前有过多少的戒备心理，哪怕她的性格是目下无尘，此时此刻心中也必定是一股暖流流过，即便没有太多的感动，至少也不会对这位表嫂产生反感。王熙凤的话不多，但是却传出了很多重要的信息，第一是夸林黛玉长得漂亮；

第二则是在传达认同的情感：我们是不会把妹妹当成外人的，这里就是你的家，不用那么客气和生分；第三又巧妙地赞美了贾母：老祖宗深仁厚泽，对这位素未谋面的外孙女同样有着极深厚的感情；第四，又对贾府的几名小姐进行了一番间接的夸奖"这通身的气派，竟不像老祖宗的外孙女儿，竟是个嫡亲的孙女儿"，让在座的迎春探春熙春们听了，觉得能和林黛玉并驾齐驱，从而心里美滋滋的；第五，又含蓄地称赞了王邢两位夫人，夸奖她们教女有方。这位"琏二奶奶说话"的功夫，确实达到了炉火纯青的地步，难怪能够在尔虞我诈的荣国府中坐稳管家的交椅。

面试并不是容貌和仪表上的评审和考试，而是一场语言的较量和竞争。在面试的过程中，一个人的容貌可能会比别人稍逊一筹，但是通过漂亮的语言照样可以为自己加分，轻轻松松之间就能俘获评委的心，从而转败为胜。

1.语言反映内心

语言不仅仅是表达信息的手段，还见证了一个人的气质、精神状态和心理特征。特别是和陌生人在一起，美丽的语言所起到的作用是十分重要的，它能够给你的事业以及交际带来意想不到的收获。

2.避免紧张的情绪

生活之中我们免不了要一次次地和陌生人打交道。很多人在和陌生人第一次见面的时候，心里就会感到紧张和畏惧，面红耳赤不知所言，让本该高兴热烈的场合变得十分冷清和尴尬，这样不仅让人感到扫兴，还会影响到自己在对方心中的形象。

3.说得好印象才深刻

在社交活动中，人们经常会通过一个人的容貌来产生第一印象。容貌所产生的印象是最直接的，却并不是最重要的。事实上，一个人优雅的谈吐，得体的语言，漂亮的表达方式往往能让人在对你的印象上打上一个较高的分数，也会很自然地在心里去赞赏和认可你。

说话讲究礼数

口才实例：

有一对老夫妇，他们有一个儿子在耶鲁大学上学。很不幸的是，他们的儿子意外身亡，老两口十分悲痛。他们总是来到学校，并且受到了校长的热情接待。

在校长接待室，校长说道："哦，对不起，对于你们的遭遇我深表同情，这真是一件不幸的事情。你们有什么困难或是需要，学校会尽力帮助你们的，我们尽量满足你们的要求。"

只见老父亲缓缓开口说道："我想在学校给我们儿子留下一点什么……"不等老父亲说完，校长就打断说："哦，不，不，如果说，每一位学生都想在学校留下一点纪念的话，那我们就不用办学校了，直接开博物馆算了。"等校长说完，老妇人又开口道："我们只是想用一种方式来纪念我们的儿子，只是……"没等老妇人说完，校长再次打断道："哦，不，夫人，我们可以提供给你们一大笔抚恤金，这是没问题的，但是，如果你们想在学校为你们儿子立一座雕像之类的话，我们是断不可接受的。"在说这话的同时，校长显得有些不耐烦，认为这对老夫妇肯定会敲诈学校一笔钱，他甚至想好了如何对付这对老夫妇。

不料，老父亲见校长不耐烦的样子，看看自己的妻子说道："既然是这样，那么我们为什么不自己来办一所学校，以此来纪念我们的儿子呢？"老妇人说道："亲爱的，这是一个好主意。"说完老两口就走出了校长办公室。

后来，老夫妇便投资创办了举世闻名的斯坦福大学。

技巧点睛：

在人与人之间谈话的过程中，随便打断别人的谈话本身就是不礼貌的，而且，尊重是互相的，要想获得别人的尊重，首先你就得先去尊重别人。那么尊重别人的最好的方式就体现在一个人的说话方面。不要一提起你感兴趣的话题，你就喋喋不休地一直高谈阔论下去，容不得别人有插话的机会；而你不感兴趣的话题，你就会一言不发，这样你怎样对待别人，别人也就会怎样对待你。

用心去倾听对方的每一句话

如果我们确实不知道该去如何说一句话，应该首先学会用心去倾听对方的每一句话，用心去理解对方的每一句话，也可以顺着对方的思路，来和对方沟通。比如，和一个评论家聊天，你也可以发表一点自己浅薄的看法，让对方可以有纠正的余地，不要在专家面前班门弄斧，即使是我们不知道该怎样说话，甚至是错误的论点，但至少也会让别人觉得受到了尊重，而不是无视他的存在。同时，注意说话时的语气，简言之，就是说话要有礼貌。就算是觉得自己是一个驾驭语言的高手，在和别人的谈话过程中也应该认真的去倾听别人的每一句话，不要让老是自己夸夸其谈，那样的一个人，即使你再有礼貌，也不会被别人的尊重。

不要非争个孰对孰错

有的人在与别人的交谈中，一旦针对某个问题争论起来，就一定要辩个谁对谁错，这样的行为也被人们认为是一种不礼貌的行为，久而久之，这种人同样会被周围的人孤立起来。用中国古代的唯物思想家的话来说，这个世界没有绝对的对与错，只有相对的对与错！对于一个你第一次见面，事事都要和你辩个孰对孰错的人，你说你的印象会好吗？所以说话、聊天，本来就是一种放松休闲的方式，你说你把自己和别人争得面红耳赤，弄得自己心情不好，何必呢？

设身处地地为别人想想

有的人，不分场合、时间，随便就拿别人来"开涮"，甚至是拿第一次见面的人来开玩笑，这也是一种极其不礼貌的现象。小孩子尚且对侮辱自己的人能伸出拳头，更何况是我们成年人呢？当出现这种情况时，我们不妨换个角度来想一下，想想如果是我们自己在这样的场合、时间被别人"开涮"，自己又会是什么心情呢？或是想一想，这句话这个时候从我嘴里说出去，合适吗？这样一想，也会使得我们在与别人交谈的过程之中少很多的麻烦，使两个人之间的关系更融洽。

说好开头，烦恼无忧

口才实例：

小张是一家汽车企业的下岗职工。有一次，小张坐长途车去外地，在车上小张和一位陌生人并排坐在驾驶员的后面。汽车上路不久就出现故障了，驾驶员上上下下忙了一通还是不能将故障排除。

这时，已经有乘客开始提出了抗议，急得像热锅上的蚂蚁的驾驶员不断向乘客们道歉，但是其中一位急躁的乘客，甚至已经和驾驶员吵了起来。这时只见这位陌生人建议驾驶员再检查一遍油路，驾驶员将信将疑地照着他的话去做，果然找到了故障的源头。

小张立刻猜测到这个陌生人的这一手绝活一定是从他们厂子学来的，于是试探性地问道："你在某某厂子呆过吧？"陌生人说道："嗯，呆过一段时间。""噢，这样算起来，我们还是同事呢，我也是那个厂的下岗工人啊。"就这样，小张一路和那个陌生人越聊越熟，使得小张的长途之旅不再无聊和乏味。最后，两人还互相留了电话号码。

后来，小张自己创业，而那个陌生人则成为了小张最重要的合伙人。

技巧点睛：

俗话说的好："良好的开端是成功的一半"。年轻人初走上社会做事，有一个良好的开端是十分重要的，一个好的开头，预示着你已经成功了一半。同样的道理，当我们有求于别人，第一次见面攀谈时，起一个好的话头，也会让别人对我们刮目相看，在别人心目中留下很深的印象，那样即使求人家办事也会很顺利。很多人与陌生人第一次见面时，不知道该说什么，或是说几句就觉得没话可说了，那么，以后的事情自然就谈不上水到渠成了。这是因为，他们不清楚自己该去怎样起一个好的头，那就更谈不上以后的深交了。那么，我们该如何去起一个好的话头呢？

学会善于观察，从别人的话语中揣摩，找到共同点

说话也是需要观察力的。我们有时候在和陌生人谈话的时候，要善于从别人的话语中试着观察、揣摩出别人和自己的共同点，以此为切入点与别人进行攀谈。比如，我们碰到最常见的一个场景是：在一个陌生的地方，当自己需要帮助的时候，忽然听到了熟悉的乡音，那么，即使没有"老乡见老乡，两眼泪汪汪"的情景，至少两个人很快就会有共同的话题，并且会有惺惺相惜的感觉。这样，两个人很快就会熟识，那么，自己的问题就会很快迎刃而解了。试着在自己与第一次见面的陌生人之间找到共同点，这是最快能和别人切入话题的方式之一。作为18岁以后的年轻人，不要将陌生人拒之门外，应该学着与陌生人沟通。

不要开口就"伤人"，换一种说法

不要开口就伤人，并不是说我们肤浅到去和别人吵架，而是在于我们在和第一次见面的人的谈话中，不要人家忌讳什么，而我们偏偏却要往那方面去扯。那样的谈话，应该说是一个很糟糕的话头，人家肯定是不愿意和你继续交流下去的，但是我们可以换一种说法来交流。比如，人家孩子今年高考落榜了，我们不能一开口就扯高考，或许你可以说说"榜上无名，脚下有路"的道理。在女孩子面前，不要去一开口就评价某某女明星的漂亮，就是想要去谈论，也可以试着从那个女明星最近最新的作品开始谈起。

重视别人，注意礼貌用语

我们在与人交谈的过程中，常常会出现这样一种情况，那就是我们一开口就会说"我……"这样我们一开口说话，就会使别人觉得不尊重人家。所以，我们在与任何人交谈的过程之中，尤其是与第一次见面的人交谈，应该注意尊重别人，并且要注意礼貌用语的使用。不要一说话，就让别人觉得你是个妄自尊大的人，那样同样会让别人看不起你。与第一次见面的人交谈，我们可以多用谦辞，诸如，"劳驾"、"麻烦你"、"久仰"之类的，最起码，让人家觉得你是一个有礼貌的人，别人才乐于与你交谈下去。

场面话让陌生感全无

你是否有过这样的经验，当你偶然进入一个陌生的地方，那里有你熟悉和不熟悉的朋友，他们看见你来了，立即起身用几句客套话对你表示欢迎，然后请你坐下来寒暄几句。这样一来，双方的感觉都会不错，感情自然也会更进一步。"场面话"是交谈的润滑剂，它能在陌生人之间架起友谊的桥梁。由于两人初次见面，对彼此都不太了解，往往陷入无话可说的尴尬场面。这时我们不妨以一些"场面话"为开头，比如："天气似乎热了点！"或者"最近忙些什么呢？"等等。虽然这些"场面话"大部分并不重要，然而，正是这些话才使初次见面者免于尴尬的沉默。而同时，最为重要的是，会不会说"场面话"是一个人懂不懂礼数的重要表现。从心理学的角度看，人们都喜欢与知晓礼数的人交谈。为此，说好客套"场面话"，是敲开陌生人心里大门的一个重要方面。

在交际过程中，经常使用客套话、"场面话"和寒暄语，可以消除陌生心理，促成彼此间的良好交往，正如培根说过的："得体的客套和美好的仪容，都是交际艺术中不可缺少的。"所以，会交际的人应当像司机精通交规一样，熟悉和掌握好各种客套话。

一般来说，"场面话"有以下几种：

1.当面称赞人的话

诸如称赞小孩子可爱聪明，称赞女士的衣服大方漂亮，称赞某人教子有方……这种"场面话"所说的有的是实情，有的则与事实有相当大的差距，说起来虽然"恶心"，但只要不太离谱，听的人十之八九都感到高兴，而且旁人越多他越高兴。因为事实上，每个人都愿意听赞美的话，尤其是公开赞美的话，对方接受起来也更乐意。

2.当面答应人的话

和陌生人交往，如果对方希望你帮什么忙，即使你不能帮忙，也不能当面拒绝。因为场面会很难堪，而且会马上得罪人。你可以说这样一些"场面话"，诸如"我全力帮忙"、"有什么问题尽管来找我"等。给足对方面子，不至于让他下不来台，这样他会觉得你是个顾全大局的人。

3.特定场合的客套话

我们要记住一些特定场合中有针对性的客套话。比如在打扰别人或者给对方添麻烦时，要真诚地说一声"对不起"、"不好意思"，一旦没有了这句话，对方可能很长时间还对此事耿耿于怀；在求人办事后，要真诚地说声"谢谢"、"拜托您了"，如果没有这句客套，对方会认为你求人的态度不够真诚或者认为你不懂礼节，对你的印象大打折扣；在作报告或者讲话时，可以先这样客套一下"我的讲话水平不高，讲得不好，还请大家见谅"，"如果讲得不好，还望大家多多指正"……这类客套话表面上看似随口而出，实际上却起到了表现自身涵养的作用。

密钥：

会说"场面话"的人，都是交际场中的老手，即使在陌生场合，不论遇到多大身份的人也不会觉得不好意思，更不会冷场。可见，"场面话"的运用就像一把打开话匣子的钥匙，它可帮助你和陌生人顺利地谈话。因此，在与陌生人说话的时候，我们需要掌握一些"场面话"的说法，这样才能在三言两语之间就轻松让对方为我们打开心门。

共同话题让陌生变为熟悉

我们在生活中，总会遇到很多陌生人，与他们有着或亲或疏的关系，千万不要不好意思与陌生人做朋友，因为任何一个朋友都是从陌生人开始发展而来的。通常情况下，我们为了工作、生活，不可能永远限制在自己的狭窄交际圈子里，必须不断地拓展自己的交际圈子，结识更多新的朋友，扩大自己的人脉关系，储备自己的人脉资源。这对于每个人来说，都是必不可少的交际过程。

因此，我们每天面对的众多陌生人，他们之中就有我们需要结识的新朋友，他们就是我们即将拓展的交际圈子中的一员。那么，如何与一个完全陌生的人交朋友呢？最为关键的一步就是要消除彼此之间的陌生感，让对方对你产生一种亲切感，对你失去戒备心理，自愿与你形成一种良好的人际关系。

小张是公司采购部的调查员，这次他被委派到乡下调查村民的蘑菇收成情况。由于当天他处理一些事情耽误了最后一次班车，而离镇上的招待所又很远，于是他不得不想办法找一户人家住一晚。但是他一连问了好几家，都被主人婉言拒绝了。对此，小张倒也能理解，毕竟谁也不愿意留一个陌生人在家里住宿。可是，天已经越来越黑了，小张决定最后再碰碰运气。

当小张再次敲开一户农家的门时，开门的是一位老大爷，只见他一脸戒备地问道："你是谁？你有什么事吗？"

这次，小张并没有直接说自己想投宿的意思，而是说："大爷，我听说这个村子里有几家种蘑菇的能手，听说他们对蘑菇的研究比专业的研究人员还厉害，我是公司采购部的调查员，准备调查一下他们的蘑菇收成情况，但是不知道那几家住在哪里，所以向您打听一下。"

那位老大爷听了小张的话，脸上的神情立即缓和了下来："小伙子，你进来慢慢说吧，这天都黑了，外面黑灯瞎火的，你怎么赶路呢？"

小张连忙道谢，跟随着老大爷一起进了屋，小张看了看老大爷的屋里，不经意发现了很多晒干的蘑菇。小张走上前去，拿了一朵蘑菇放在手里观察，发现被晒干的蘑菇色泽鲜亮，异常饱满硕大，小张不禁问道："大爷，您可真会种蘑菇啊！您就是村里的几家能手之一吧！"

老大爷听了，乐呵呵地笑了："你还别说，我其他没有什么好说，这辈子就数种蘑菇有了点成绩。"

小张不禁向老大爷竖起了大拇指："这已经是巨大的成绩了，您种这种蘑菇有什么讲究吗？"

一个问题打开了老大爷的话匣子，这一老一少就种蘑菇的话题说开了。当然，那天晚上小张就住在了老大爷的家里。

小张并没有直接说出自己想投宿的意思，但是他希望住宿的目的达到了。他用老大爷引以为豪的种蘑菇作为话题的切入点,迅速就把双方之间的感情距离缩短了。

那么,这就需要你掌握几个可行性的技巧和方法。

1.顺势取材

据说,在西方很多国家见面打招呼的第一句话就是"今天天气怎么样"。这样的"场面话"当然不错,但是如果你不论时间、地点就一味地谈论天气则会显得有些滑稽。最好就是结合你们交谈的环境,顺势取材,随机应变。比如,对方第一次邀请你去他家玩,你不妨就他们家的装修、室内设计进行赞美"这房间设计不错"。对方可能会自豪地说"这都是我的主意",这样一下子就打开了双方的话匣子。其实,这样的谈话并没有多少实质性的内容,主要是为了消除彼此的陌生感,使双方之间的气氛融洽。

2.善意的微笑

陌生人之间第一次见面,必然会给双方留下极为深刻的印象。如果你能在陌生人面前露出善意的微笑,那无疑会为你增添不少魅力。人们在面对一个陌生人时,他们总会多多少少有一种防备心理,不愿意向对方开启心灵之门。但是,微笑是打开对方心扉的钥匙,即便是一个冷漠的人,他对来自你的微笑也是没有任何戒备心理的。因为,一个微笑不仅不具备攻击性,而且是一种友好的表达方式。

3.适当地提问

我们在与陌生人见面时,免不了要进行语言上的沟通,除了倾听对方的谈话之外,还需要适当地提问,激起对方谈话的欲望。提问是引导话题、展开谈话或话题的一个好方法。提问有三方面的作用:一是通过发问来了解自己不熟悉的情况；二是将对方的思路引导到某个要点上；三是打破冷场，避免僵局。

  当然，提问也是需要技巧的，需要避开一些对方难以应对的问题，比如超过对方知识水平的有关问题、对方难以启齿的隐私等。还需要注意提问的方式，不能像查户口一样机械性地提问，你可以适当问"你这次到北京有什么新的感触"，这样才能激起对方谈话的欲望。如果你向对方提问，对方不愿意回答或者回答不上来，那么你要迅速转换话题，化解尴尬的气氛。

  密钥：

  在我们身边的每一个朋友都是从陌生到熟悉的，与陌生人交流，如果处理得好，可以一见如故，相见恨晚；如果处理不当，就会导致四目相对，局促无言。因此，我们在与陌生人交往的时候，最关键的就是消除对方心里的陌生感。

第 03 章

情景二：有求于人，打通语言诉求关卡

直入主题，更容易获得帮助

在日常生活中，一个人的能力有限，于是乎，求人办事就是一件再正常不过的事情了。但是，却有许多人羞于开口，他们不肯寻求帮助的理由是害怕给对方添麻烦，或者害怕被对方拒绝，使自己丢面子。其实，求人办事者的心里完全没有必要这样脆弱，假如自己真的需要他人的帮忙，却又带着这样一种心理，就会影响你的"诉求"效果，如此吞吞吐吐、含含糊糊，一开口就会令对方心生反感。因此，只要你能放下心里的包袱，大方自然地提出自己的诉求，相信大多数人还是十分乐意帮助你的。有时候，给对方一个机会帮助别人，他们也会感到很开心的。所以，在向他人提出诉求的时候，需要巧用话语攻心策略，让对方消除反感，从而乐意为你效劳。

小雨在广告策划公司上班，这个月碰巧接了一个大案子，每天忙得焦头烂额，但策划方案还是不见起色，她也不知道该怎么办了。无奈之下，她想到了请同事阿美帮忙，阿美是研究生毕业，专业功底比较强，而且她已经在公司做了两年，经验相对来说比较丰富。可是，小雨感觉自己始终拉不开面子提出自己的要求，而且，阿美现在是策划总监，每天工作忙，她担心自己会被拒绝。思来想去，小雨还是决定试一试。

为了走进阿美那间办公室，小雨为此做了一个星期的准备，终于鼓起勇气走进了办公室。"阿美，在忙什么呢？"小雨小心翼翼地问道。"哦，正忙着写总结呢，好久没有到我这里来了，进来坐吧。"阿美亲切地打招呼，安排秘书给小雨倒茶，小雨局促不安地坐在沙发上，考虑该如何开口。"有什么事情吗？看你的样子好像很紧张。"阿美关心地问。"哦，没什么事情，我就随便坐坐。"小雨不知道如何开口，只好用几句话搪塞过去，"你最近忙吗？"小雨小声地问道。"嗯，很忙啊，忙得我晕头转向，我已经好几天没有好好休息了。"阿美并不知道小雨的用意，如实告诉她自己每天的行程表，听了阿美的话，小雨已经不抱任何希望了，她失望地坐了一会儿就告辞离开了，阿美有点疑惑，小雨这是干什么呢？

小雨怀着不安的心情想获得同事的帮助，但是在整个谈话过程中，她并没有提出自己的诉求，仅凭借着自己的感觉就断言自己已经没有希望了。其实，如果小雨自然大方地提出"上次你给我的那个案子比较难，有些问题我不是很清楚，想跟你请教一下"，阿美应该是不会拒绝的，毕竟碍于同事的面子。相反，小雨吞吞吐吐的样子，不敢直接开口，反而令阿美疑惑。

对于大多数人来说，给予身边朋友或同事一定的帮助，他们是非常愿意的。但是，如果你总是藏着掖着，不敢直接提出自己的诉求，说话吞吞吐吐、含含糊糊，把本来很简单的事情说得很复杂，对方一听就感觉到压力，顿时心生反感，马上就想到了推托之词或者拒绝之语。所以，我们在求人办事的时候，不要总是怀着害怕被拒绝的心情，或者害怕给对方添麻烦的心理，这样只会令你的"诉求"被宣告失败，不妨怀着自然大方的心态，诚恳地提出自己的诉求，让对方消除反感。

1.放松紧张心理

自然大方地提出自己的诉求，就是这么简单，根本没有必要紧张，因为这个决定最终取决于对方，你的诉求是否能够可行，对方定会有自己的判断。如果你不确信对方是否会答应，并且害怕被拒绝，那可以问问自己，你们之间的关系是否足够密切并经得起拒绝。

2.注意自己的表达方式

当然，如果不想遭遇对方的拒绝，你需要适当注意自己的表达方式，让对方感觉你诉求的帮助是非常有必要的，比如"这事可能有点麻烦，但对我来说真的很重要"。

3.放下架子

在日常生活中，向同事或朋友求助，比如请他们延长一些工作的截止时间，或者询问他们的意见，这并不会损坏你的形象，也并不是你的能力不够，只是证明你想做好一件事情。所以，偶尔也需要放下自己的架子，在他们面前承认自己有那么一点点脆弱，大方自然地提出自己的诉求，让对方消除反感。

用恰当酬谢满足对方心理

在求人办事的过程中，我们要善于通过言语来"利诱"，表明自己的回报之心，毕竟利益比空口说教更有效果。也许，在你提出诉求的时候，对方会有所犹豫，但在关键时刻，你指出自己的诉求和他合作有利的地方，这样他自然会乐意为你效劳。在请求对方帮助之前，你应该清楚对方为什么会帮助你？你凭什么能让他来帮助你？毕竟有一部分人是为了利益而生存的，那么你就可以利用这样一种方法：直接告诉对方在帮助你之后会获得什么样的利益，利诱对方帮助自己渡过难关。其实，人与人之间的关系就是互惠互利，当对方意识到自己在付出之后还能有所获得的时候，他一定会毫不犹豫地答应你的诉求。所以，在求人帮忙的时候，我们要懂得"利诱"，适时表明自己的"酬谢"，满足对方心理。

今年，大学生黄东刚刚大学毕业，被分配到山东某钢铁总公司工作，由于嫌厂里工资低，他进厂不久后就偷偷跑到南方打工去了。过了一段时间，他回厂里准备取走档案，正好碰上李经理。黄东以为李经理要批评他几个月没上班的事，但出乎他的意料，李经理开口就说："从国家大局讲，人才流动是大趋势，你走是对的。你们收入低，我也没有关心到你们，这是我的失职，不过，上次由于人事变动，空缺了许多职位，我就想好好栽培像你这样的年轻人，如果你愿意继续呆下去，估计不出两年，你就会坐上我的位置。"接着，李经理详细介绍了公司的薪资待遇，以及今后的发展，黄东听得热血沸腾。

李经理不愧是一位优秀的领导，他的一席话使这位原本要南飞的"孔雀"留了下来。当然，说服黄东继续留下的话语中，隐藏着一定的"利诱"，这成为黄东留下来的最关键因素。

郑板桥的画画得很好，他擅长画竹、兰、石、菊，字写得也棒。当时，有位富豪盖好了一幢新房，想弄两幅郑板桥的字画，挂在客厅里。然而，郑板桥恃才傲物，鄙视权贵，一些达官显贵想索求书画，哪怕推着装满银子的车来,也都会被郑板桥拒之门外。然而,一位富豪通过巧妙"利诱",使郑板桥自愿为其画画题字。俗话说:"无利不起早。"连一向不俗的郑板桥也经受不住"利诱",更何况是常人的我们呢?没有一个人愿意去做那些没有好处的"无用功",只要你了解了对方这样的心理,继而主动满足其欲望,他就会乐意为你效劳。"以利诱之",对方会觉得这次不会白忙活,因此,他们在办事的时候,就会主动地为你解决问题。

求人办事,应该以对方的切身利益为准,而送礼也就应运而生了。现在,大多数人都经历了送礼这样的事情,送礼品、给红包也被认为是理所当然的事情。于是,我们在向对方寻求帮助的时候,不妨给予对方一定的好处,否则自己会觉得过意不去,或者担心对方不会尽全力地帮助自己。

1.许诺"酬谢之礼"

在向对方提出诉求的时候,我们需要顺带许诺"酬谢之礼",这样才能让对方觉得这个忙不是白帮的,比如"事成之后,你就可以晋升为科长了",这样一来,他能从中有所获得,也就满足了其心里的欲望,他答应得就会异常痛快,而且在帮助我们时也会尽心尽力。

2."舍不得孩子套不住狼"

如果你总是斤斤计较,或者表现得一毛不拔,一个劲儿地表示"希望你能帮助我",但言语中一点也不涉及具体的利益,那对方就有可能会心生反感:这种吃力不讨好的事情,谁愿意干啊。因此,求人办事,需要舍得才会有所获得,比如"这事就拜托你了,我最近工作都比较忙,这个月发了工资我请你吃饭"。

3. "吃人家嘴软，拿人家手短"

一旦接受了一定的好处，占了人家的便宜，再拒绝起对方的请求，就不好意思开口了。所以，我们在求人办事的时候，需要了解对方这一心理，不妨先把好处给了，然后自然地提出自己的诉求，对方定会不好意思再推绝。

表现急切，增加获得帮助的机会

要让对方体会到你急切的心情。有些时候，我们自己急得像热锅上的蚂蚁，而对方却一点反应都没有，这个时候，我们先不要急着骂对方，一定要把自己着急的原因说出来，让对方明白我们内心的感受，争取获得对方的理解和帮助。

要想让别人帮助你，不仅要在话语上能够说服别人，而且要在表现上让对方体会到你的急切心情，这样才能促使人们从心里愿意去帮助你。

1.要表现得很着急

一个人在想得到别人的帮助时，一般会向对方说明自己想要获得什么样的帮助，那么这个时候对方会视情况来对你进行帮助，在帮助时间的急缓上，很大程度上取决于他对你的观察。如果你表现得怡然自得，不慌不忙，那么他自然觉得你不是很急，那么在帮助你的时候行为动作相对也会缓慢；相反，如果一个人在向别人求助时，表现得非常急切，那么对方就能够意识到问题的急迫性，就会迅速帮助你。

小明从超市买了很多东西，集中放到一个大箱子里，此时，他站在楼下发现自己根本无法搬到5层的家中，他住的这个楼没有安装电梯，于是他打电话给自己的邻居，请邻居帮忙。他在电话中说："我这里有一个大的箱子，搬不上去了，请你下来帮我一下吧。"邻居的答复是"好的，你等一下啊，我把手里的事情处理一下就下去"。于是，小明等了近20分钟邻居才下来。后来，小明又有一箱东西需要邻居帮忙搬上5层，这次他说："我家里人等着急用，这个东西对他们很重要，我就在楼下，你稍微快点儿，麻烦啦。"在电话中，小明的语气很急促，给人一种很急迫的感觉。这次，邻居很快就下来了，搬完东西，邻居还说了一句："我走了，正做着饭呢。"

从这个例子中不难看出当小明很平淡地向邻居求助时，邻居过了很长时间才下楼帮忙，而当小明表现得非常着急时，邻居不顾锅里的饭菜就来帮忙。所以当你请求别人帮忙时，如果自己都不着急，别人就更不会着急。因此，在请求他人帮助时，想要让对方快点儿帮助自己，可以把自己急切的心情通过话语、语气、肢体动作表现出来，从而使对方能够迅速地帮助自己。

2.心中不要乱

想要别人更加迅速地来帮助你，可以表现出着急的样子，可以流露出急切的心情，但是不要因为这种急切而使自己手忙脚乱，虽然表面上着急，但是心里一定要有数，不能乱。在足球比赛中，总是会有因为各种各样的原因受伤的球员，这时，就有两个人从场外抬担架过来把受伤的球员抬走。不过偶尔可以看到其中的一个救护员在催促另一个快点儿帮自己转移球员，而且经常可以看到这样一种景象，那就是那个催促别人的救护员手忙脚乱，没两下就把受伤的球员从担架上摔了出去，这样的场景往往非常搞笑，可是却真实地反映了人们生活中的一种现象，那就是平时在求人帮忙时，可以表现出一种急迫的样子，但是心中不能乱，要做到有条不紊。

3.可以作为必要的手段

有的时候人们会为了让别人快点儿来帮助自己，即使事情并不是很急，也会装出一副非常着急的样子，从而使别人能够快速地帮助自己。其实，这样做并不过分，只要帮助你的人手上没有很多的事，不会耽误他做一些事，那么就可以表现出一副很急的样子，从而使其迅速帮助你，这样能够促使你顺利完成一些事。

有求于人时不要太淡定，即使内心很平静，也可以表现出一副急切的样子，这样别人会被你感染，会更愿意快点儿帮助你。

能屈能伸，让对方另眼相看

说话也要能屈能伸。不要被别人抢白一句，就掉头走人，或者跟对方吵起来，这种行为是要不得的，会给别人留下不成熟的印象，显得我们软弱可欺，一定要学会巧妙地回敬对方，让对方言语间不敢再造次。

俗话说"能屈能伸才是真英雄"，在求人帮忙时免不了会遇到挫折，对方不愿意帮忙，就是不给面子，这时着急是没有用的，很多人因为一时憋屈而选择了错误的解决方式。所以要想真正做成事情，就要在困境中放低姿态，寻找合适的时机再展现自己，不能一遇到困难就自动放弃，真正做到能屈能伸，对方才会对你另眼相看，才会更加尊重你，愿意帮助你。

1.适时地"屈"是为了更好地"伸"

司马懿正是因为能够忍耐，能够忍辱负重，才成就了他最后的成功。同样的道理，求人办事并不是一帆风顺的，被拒之门外是非常正常的，但如果这时候你放弃了，那么你就前功尽弃了。所以，在求助对象并不热心或者根本不把你放在眼里时，不要因为一时的丢面子而无法忍耐，做出傻事。"大江东去浪淘尽，千古风流人物"，这是成功者的低吟，是成功者的浅唱，同时更是成功者的辉煌。

2.用好"屈"这一计谋

很多人在求人不顺利时会放低自己的姿态，不是继续说好话，就是上门拜访，似乎不达目的不罢休，即使别人瞧不起自己，也不会轻易放弃。这种人就是在碰到挫折时能够直面，在他们眼里，颓废是可耻的，是让人鄙夷的，所以他们胸怀远大，能够把"屈"作为一种手段，能够做到暂时的忍辱负重，从而获得最后的胜利。

当然，"屈"并不是一味地低三下四，而是要有自己的气节，否则就与投降没什么两样了。另外，就是在"屈"的时候注意观察，利用能够利用的资源和优势，这样才能逐渐形成有利于自己的形势，为最后的"伸"做好铺垫。

3.好心态好状态

并不是每个人都能在劣势中做到"屈"的，因为这些人平时强势惯了，或者由于身份等原因做不到屈服，不过归结于一点是心态的问题。

想想人生没有一帆风顺的，人总是要经历磨难，总要在这个充满着形形色色的人的社会中摸爬滚打，否则难以到达光辉的顶点。并不是每个人都可以有一番惊天动地的伟业的，只有那些能够做到常人无法做到的事的人才能创造惊人之举。

"能屈能伸"是诞生于《史记》的一个词，因为它有着非常深刻的哲理，所以流传久远。书中记载："屈是拉开的弓，伸是射出的箭，只有拉得紧，才能射得远。屈是伸的前奏，伸以屈作为铺垫，伸是屈的目的，屈是伸的手段。小事要屈，大事当伸！"

4.小不忍则乱大谋

很多人都是因为忍不了一时而坏了一世，因此，为了达到自己的目的，就需要做出暂时的忍让，因为唯有如此才能使你获得长远的利益。一个人要有广阔的胸怀，如果在求人帮忙时，别人很无理地拒绝了你，而这时你占理又能够作出让步，那么，对方不但会被你的宽容打动，而且佩服你的气量，从而尊重你，更加愿意帮助你。

"忍小谋大""一忍可以制百勇，一静可以制百动"。人在做事时，不要只看眼前，不要为了一时的得失而斤斤计较，急功近利只会阻碍你实现更远大的目标，所以，求人办事不要死板，要做到能屈能伸，这样对方才看得起你，最终才能够获得对方的帮助。

淡定从容，方能驶得万年船

很多人做事情都心急火燎，恨不得一口吃成个胖子，就连向他人求助也是如此。殊不知，这个世界上根本没有一蹴而就的事情，尤其是当事情难度比较大而且也很难办的时候，我们向他人求助就更要讲究方式方法。如果把自己当成他人的上级对他人发号施令，则求助往往无法实现，更不可能得到他人的慷慨帮助。所谓心急吃不了热豆腐，很多情况下，人们总觉得催促能够使事情更快，却不知不合时宜地催促反而会给他人留下恶劣的印象，导致事与愿违。因而，我们不管什么时候都应该保持心境的淡定平和，尤其不要犯欲速则不达的错误。

不管是在生活中还是在工作中，每个人都有可能遇到需要求助的情况。所谓求人，不是强迫，更不是颐指气使，尤其是在必须采纳权威人士的建议时，我们更要付出足够的耐心，等待他人给出回应。有些人一着急，说起话来急赤白脸的，还很容易被人误解。尤其是面对生活的诸多挫折和失败，以及那些突如其来的危机，急迫是没有任何作用的，反而会因为手忙脚乱而导致事情恶化。既然我们最根本的目的是让问题得以解决，那么我们就应该更加宽容平和，这样才能换取最圆满的结果。

自从结婚以来，小薇和强东的信用卡就绑定了对方的手机，美其名曰这样可以相互监督以节制消费，也是为攒钱买房考虑。刚开始时，他们倒也相安无事，每次想要刷卡之前都会想一想这笔消费是否是必须的，是否能够得到对方的认可。直到有一次，强东为了给妈妈买个手机，刷卡消费了两千多，小薇在手机接到短信之后马上打电话过去气势汹汹地问："强东，你的信用卡怎么回事，怎么一下子消费了两千多啊！"强东听到小薇的话有些着急，未免也有些不愉快，只说了声："我有用，你别管了！"就挂断了电话。小薇越想越生气，马上又打电话过去质问："你不是说任何消费都要透明啊，你现在立刻告诉我，你到底干什么花了这么多钱，你可别告诉我你是吃今天的午饭用了！"此此时此刻，强东正和妈妈在一起呢，听到小薇声色俱厉的话未免有些难堪，也觉得在妈妈面前丢了面子，因而怒斥一声"行了！"再次挂断电话。

可想而知，下班之后等待着强东的是小薇阴沉的脸，但是强东也并不觉得自己错了，反而觉得小薇情商太低，因而也面色严肃，丝毫没有认错的意思。直到两人大吵一通之后，强东才说："我给我妈买了一部手机，你有必要一接到短信就马上问吗？也不想想我的脸面往哪里搁？"小薇更生气："这种大额开销以后必须经过我的同意，我花大额钱的时候不也会提前告诉你吗！尊重是相互的，你要是不把我放在眼里，以后我也这么对你！"就这样，小薇和强东你一言我一语，争吵非但没有减弱，反而逐渐升级，最后闹得很不愉快，几天之后才渐渐和好，彼此心里却都有了疙瘩。

在这个事例中，小薇收到消费的实时短信，其实应该能想到强东正在消费，完全可以缓一缓，或者稍等片刻之后再问，或者等到晚上下班回家再问。错就错在小薇太过心急，一个电话接着一个电话地质疑强东，导致强东觉得颜面受损，自然奋起反抗，维护自己的面子问题。

越是在着急的情况下，我们越应该保持理智和冷静。因为愤怒总是会冲昏人们的头脑，让人们做出失去理智的事情或者不假思索地说出失去理智的话来。在这种情况下，我们唯有保持情绪的平静，才能找到最佳的方式处理和解决问题，也才能让人际关系更加和谐融洽，不至于因为原本微不足道的小问题就导致矛盾升级。要想做到心平气和，我们首先要让自己拥有博大的胸怀，人世间除了生死凡事都是小事，根本不值得我们大动干戈，此外还要学会设身处地地为他人着想，这样也能够更加理解他人，使彼此间关系融洽友好。

"戴高帽"比强迫来得更有效

倘若交流的过程中沟通不好，说服就收效甚微，甚至毫无效果。在这种情况下，有些说服者会因为心浮气躁，因而恨不得强迫对方必须接受他们的观点，甚至命令对方采纳他们的意见。殊不知，每个人都有自己的独特个性和见解，也不会轻易接受他人的指挥，所以强迫只会导致事与愿违，甚至一旦激起被说服者的逆反心理，还会让事情朝着相反的方向发展。任何事情都要审时度势，因而作为说服者，也应该根据说服的情况不断地调整方针和策略，从而才能随机应变，顺势而为。在被说服者心高气傲的情况下，与其强迫对方，不如试着给他们戴个"高帽子"，也许适当的恭维反而能够让他们心甘情愿地配合我们，改变想法。

最近小马遇到了麻烦，仅凭自己的力量根本无法顺利渡过难关，因而他想要求助于张骞。张骞是小马公司里的技术总管，据说在从事管理岗位之前，一直是全公司技术最强的牛人。眼看着自己遇到的技术难题，小马尽管请教了好几个同事，但是都无法解决。无奈之下，尽管他觉得张骞为人高傲，也只得向张骞请教。

一天下午，小马带着一盒绿茶敲开了张骞办公室的门。不等张骞开口问，小马就主动说："张总，我在进公司之前就听说您在业内是大名鼎鼎的前辈，而且有很多传奇的故事。后来仰慕您的大名来到公司，成为您的同事，却因为一直都觉得自己才疏学浅，从来不敢向您求教。这次的确是遇到了难以解决的棘手问题，不然我肯定不会来打扰您。就请您高人出手，救我于水火之中吧。"这样开门见山的一番恭维话，非但没有让张骞感到厌烦，他反而眉开眼笑地看着小马，说："到底什么难题啊，值得你说这么多好听的话！"小马笑了，说："哎，其实在我们这些晚生后辈眼里是难题，在您眼里也许就是小菜一碟。我的电脑遭遇了一个技术故障，之前所有的文件都找不到了，里面有很多是未完成的项目的资料，万一丢了，我几个月的心血就都白费了。总而言之，张总，您一定要救我呀！对了，听其他同事说您喜欢喝绿茶，我给您带来一盒家乡的明前茶，您尝尝。"在小马的"甜言蜜语"之下，张总的心里就像乐开了花。他马上询问小马具体的情况，并且很快就想办法帮助小马找回了电脑里的各种文件。由此，小马真诚地感谢："真是老将出马，一个顶十。张总，幸亏有您啊，不然我简直欲哭无泪啊！"

在这个事例中，小马之所以能够请得动心高气傲的张总，完全是因为他很善于说恭维话。而且他的恭维话听起来非常真诚，拍马屁也不漏痕迹，因而让张总听了之后心花怒放，非常受用。

每个人都是有虚荣心的，在说服他人的过程中，假如我们试过各种方法都不管用，不如就采取恭维的方式满足对方的虚荣心，也许反而能够收到良好的效果。当然，需要注意的是使用恭维的方法时一定要分清楚对象，有些人非常较真，面对恭维不但不买账，反而会算清账。对于这样的，还是谨慎恭维为好。相反，对于那些与人为善或者自视甚高的人，恭维则是结识他们的最好方法。当然，恭维也要选准时机。倘若时机不对，再好的恭维方法都没有用。人们常说，赠人玫瑰，手有余香，其实恭维他人，满足他人的虚荣心，我们也是在满足自己的需求和渴望。所谓有付出就有回报，任何时候我们都应该主动付出，才能得到他人的真心回报。

第 04 章

情景三：摆脱窘境，巧言妙语解尴尬

转移话题，减少摩擦与争执

口才实例：

宏宇是一个大型工厂的工人，一次，下班后工友们都走光了，他推着自行车往大门口走，由于从厂房到大门口有一段距离。按照厂方的规定，工厂内禁止骑车。当时宏宇看了一下四周，没有保安，随即一脚蹬上了自行车，向大门驶去。谁知就在这个时候，负责在工厂执勤的保安不知道从哪里钻了出来。一下子就拽住了宏宇的自行车，拉着他去接受罚款。

宏宇一下子愣在那里，不知如何是好。幸亏他脑子机灵。在和保安的争执中，他听出了保安的口音。于是对保安说："听你的口音，好像不是本地人吧？"

保安回答说："不是的，我是四川雅安的。"

宏宇笑着说："真的啊，我女朋友也是四川雅安的。她跟你说话挺像的，我说怎么听着这么耳熟啊。"

保安："是吗？那真是太巧了，能在这么远的地方碰到老乡。"

宏宇："是啊，太不容易了，那改天聚聚吧。"

保安："那真是太好了。那你赶紧回去吧，去晚了，老乡会担心的。"

事实上，宏宇并没有一个四川雅安的女朋友。自然之后也不可能和保安叙老乡之情了。

技巧点睛：

一般情况下，当有人因为一个问题和你起争执，为难你的时候，内心深处对你的攻击力度很强，对你的意见和做法很反感，并不是对你这个人很反感。这时候不妨转移话题以转移对方的注意力。话题转移了，自然就把矛盾暂时放下了。那么对方就没有那个必要继续攻击你。这样一来不但减少了别人对你的语言伤害，还可能因此而化干戈为玉帛。那么在利用转移话题的办法来减少语言伤害的时候，有哪些方面需要注意呢？

寻找彼此的共同点

别人之所以为难你，攻击你，是因为在某些问题上，双方意见和做法不一样，甚至可以说是针锋相对。为了分出个所以然来，势必要较量一番。事实上，孰对孰错，谁是谁非并没有想象的那么重要。再加上在谈及某些问题的时候情绪激动，说出很多让你尴尬和难听的话也在情理当中。所以，这时候，尽快找到彼此的共同点，把话题由相异转向相同，这样不但转移了对方的激动情绪，而且还会将自己在对方心中的定位由敌人变成朋友。比如故事中的宏宇，在遭遇对方为难的时候，找出了个和对方是老乡的女朋友来。尽管这个女朋友是瞎编的。但是却迅速化解了他和保安之间的对立情绪，避免了很大的麻烦。所以，寻找双方的共同点是迅速转移话题的好办法。如果实在找不到，不妨虚拟一个，目的是为了转移话题，减少对方对你的伤害。当然这仅适合在陌生人群为难你的时候用，熟人之间当然不行了。

要及时地赞美和恭维

没有人不喜欢别人赞美自己，恭维自己。即使是在双方有强烈的对抗情绪之下。所以，当别人在言语上为难你的时候，不妨赞美和恭维一下。每个人的注意力都在自己身上，当对方指责你的时候，你赞美一下对方，对方的注意力就会迅速转移到自己的身上，并且转移到你所关注的话题上。这样一来，别人对你的攻击和伤害自然就不存在了。比如，别人指责你打扫卫生不彻底的时候，你说你的衣服真漂亮，或者说你今天神清气爽，遇到什么高兴的事情了。这时候，就算是再看不上你的人，也会两眼放光，面带微笑和你交谈。即使有些人抹不开面子，但是心里却甜滋滋的。所以，在面对别人的指责和为难的时候，要学会用赞美和恭维来转移话题，软化彼此的情绪以及赢得对方的好感。

对对方产生浓厚的兴趣

任何人都一样，希望得到周围更多人的认可和肯定。所以，希望别人对自己感兴趣，对自己的生活感兴趣，对自己的所作所为给予肯定。所以，因为一些想法和做法的不同，别人为难你的时候。要多关注一下对方的生活，将话题引向对方。因为有相异，所以有对抗的情绪。当话题转移到对方身上的时候，没有了分歧，自然就没有了对抗。当你对别人产生兴趣的时候，别人也会对你产生兴趣。比如，当有人说你不应该在上班的时候接电话时，你不妨关注一下对方的失眠好些了没有，睡眠质量怎么样。别人给予你的是责备，你回报的是关心。这样一来，即使再对你有意见的人也不好意思再为难你了。

小技巧帮你打破冷场

冷场是人在日常交际时，由于话题不合或反映不够快而短暂出现的无人答话的尴尬场面，我们要想摆脱这种低气压的冷场状态，就要多学习几种打破冷场的小技巧。

这些技巧一方面能帮助我们缓解尴尬的场景，另一方面也能顺利切换到更合适的话题中，重新让谈话气氛活跃起来。

当我们在日常交际时，最希望的就是与他人相谈甚欢，让双方的关系从不熟悉慢慢发展到熟悉，但是如果谈话中有一方不善表达，或者没有谈话的欲望，那么冷场就会不可避免地出现。出现冷场的原因无外乎这几种：

1.初次见面，双方不熟悉；

2.年龄差异大，爱好不同；

3.性格不同，做事风格不同；

4.双方都不善言谈，不知如何开口；

5.双方有矛盾，感情不和；

6.双方的谈话内容有利益的冲突；

7.熟识的人因长期未见而感觉有些疏远。

我们在与人交谈时，尴尬的冷场就是一个交谈失败的征兆，人们在谈话时，一定要提前做好准备，预防冷场的出现。比如参加多人谈话，我们要精心挑选对象，不但要考虑他们的性格和是否有必要出席，还要考虑他们是否会积极发言，以免光听不答，让气氛很尴尬。

避免冷场是谈话双方共同追求的，但万一出现冷场时，我们可以用下面的小技巧打破冷场：

技巧一，转移大家的注意力，向他们介绍一些新的事物；

技巧二，提出新的话题，让多数人都对它产生兴趣，并愿意发表自己的看法；

技巧三，故意制造一个话题争端，引起两方人的争论；

技巧四，开个玩笑，做个小游戏，帮大家放松下紧张的心情；

话题是我们在谈话时最重要的内容，有些无趣的话题让人根本没有附和的兴致，因此才会导致冷场。为了避免冷场的尴尬，我们要准备些"库存"话题，而且这些话题都是能引起对方兴趣的，这样才能在冷场时产生"救急"的效果。

一般来说，人对自己更关心，所以有时多问问对方的情况是快速打开对方心扉的突破口，以下这些话题都能让对方十分乐意与你开始交谈：

1.如果对方有孩子，问问她（他）孩子的事情，孩子永远是自己的好，提到自己的宝宝，谁都会有说不完的话；

2.问问对方的爱好，一般人都会很乐意和对方分享自己的乐趣，这也是加深双方感情的小技巧；

3.如果是男人，就问问他如何把自己的事业做得这么好，如果是女人，就问问她是如何把自己的家操持得这么好，这一问不仅夸奖了对方，还能让对方发现自己有很多话要说，从而说个不停；

4.问问对方生活的地方是什么样子，有什么特色，很多人都对自己生活的地方有很深的感情，可能话不会多，但一定会充满感情地回味，这时对方就会放下警惕的心防，和你海阔天空地谈论起来，冷场的局面便不攻自破；

5.如果对方的年龄比你大很多，那么就多问问他们的情况，一旦打开他们的话匣子，他们的话题就会从市政改革、风俗变迁一直谈到自己子孙的近况，你一点都不用担心会有冷场。

总的来说，不同的人有不同的内心感观，冷场往往出现在他们不感兴趣的话题上，比如做家事是女士很热衷的话题，但和男人谈论这些他们就不会有兴趣，文字工作者不喜欢别人对自己的作品议论纷纷，企业名人不喜欢在休息时还不停地被人问工作的事，事业失败的人不喜欢老被问为何事业没有起步等等。因此破除冷场时选择的话题，必须是对方感兴趣并经历过的内容，关心、体贴、热情的态度也是让人肯多开口说话的"武器"，温和的笑容会让不发一言的对方感到温暖，"冷场"的寒冷气氛也会被一扫而空。想改变冷场的人们要记住以上几个小技巧，让话题、气氛、态度来成为你破除冷场的小法宝吧。

用幽默增进双方和谐

生活中，我们拥有很多快乐，也曾承受痛苦。很多时候，我们还会因为各种各样的原因陷入尴尬的境地，如果不能机智应对，也许就会导致更大的难堪。其实，尴尬的发生往往是被动的，即事态并不在我们的控制范围内。然而，化解尴尬时我们却掌握着主动权。如果你足够机智风趣，就可以用幽默化解尴尬，与他人和谐相处。

用幽默化解尴尬的方式有很多，例如巧用同音字，或者是以子之矛攻子之盾，还可以将错就错。其中，将错就错的办法就让人敬佩，不但能够及时化解尴尬，还能让在场的人忍俊不禁，哄然大笑。在欢笑之余，他们一定会更加欣赏当事人。

在疾驰的公交车上，司机因为道路前方突然冲出一个小狗而下意识地一脚急刹车，导致车辆猛然减速，一位男士猝不及防，突然身体后仰，撞在一位女士的身上。当时正值炎热的夏季，很多居心叵测的男性在拥挤的公交车上揩油，因而这位女士当即破口大骂："什么臭德行！"在大家的众目睽睽之下，男士满脸通红，满怀歉意地说："抱歉，女士，这不是德行，是惯性使然！"满车厢的人都发出善意的笑声，包括那位女士在内。

男士因为司机急刹车，猝不及防地撞到女士身上，导致被误解为"臭德行"。在众目睽睽之下，一味地辩解显然是行不通的，幸好男士在尴尬之余想到以"惯性"解释"德行"，最终以相似的读音和截然不同的含义博得了众人善意的微笑，也获得了女士的谅解。

在生活中，幽默就是这么重要，几乎时时处处都需要我们发挥幽默的精神，才能把我们从尴尬中解放出来。

聊天点睛：

谁不会遇到尴尬的时刻呢？在这种情况下，如果撕破脸皮，恰恰会让事情的发展变得更加不可控制，甚至失去控制。那么，尴尬就会升级，变成争执，甚至是打斗。只有灵活机智地运用智慧，发挥幽默的强大作用，才能做到及时化解尴尬，恢复和谐融洽的氛围。

给他人台阶下，才能成就自我

人们常说："面子换面子，善用面子好办事。你可以赢得一场战争，但未必能赢得真正的和平。你伤害过谁也许早已忘了，但是，被你伤害的人却永远不会忘记你。"人与人之间的感情是相互的，你给他留面子，他才会给你台阶下，其实，从另一个角度讲，这正是给自己留面子。

宁静进入公司不到两年，就已经得到了领导的重用，经常和领导一起出席公司的重要会议。这不仅仅因为宁静的聪明和能干，而且她经常在关键时刻帮领导搭台阶，能很好地挽留领导的面子，也让领导很是欣慰。私下里总是嘱咐宁静好好干。

就拿上次的部门会议来说吧。领导亲自认定的一项新产品在投放到市场以后，由于定位和性价比存在严重问题，搞得销售部和市场部的人都很头大。这次会议主要是讨论新产品的进一步推广问题。包括领导在内的所有人都看出了产品存在的问题，可是领导也不愿意在其他部门同事面前丢了自己的颜面。

当被要求调研部发表意见时，宁静看出了领导的为难，于是她主动站了起来。她并没有把自己的产品批得一无是处，而是先提到了在研发初期领导是怎样带着他们没日没夜地辛苦工作的。然后她又说道："一项产品能走向市场总是需要一个漫长的过程，问题难免存在，但是只要我们认识到问题并致力于解决问题，相信产品的明天是美好的。"她甚至还提到一些具体的应对策略，并没有忘记补充一句：这都是领导带领我们不断研究的结果。接下来，领导表达了一下整个部门的决心，会议就这样结束了。

后来领导和同事们终于一起解决了产品的问题,赢得了各部门同事的认可。领导当然对宁静也更器重了。

看完上面的案例,大家不难看出,宁静的"避重就轻"不仅让她挽回了领导即将丢失的颜面,问题也跟着迎刃而解。如果她没有选择主动承担,给领导搭台阶,领导又怎么会对她格外器重呢?

不善于给别人台阶下,既是害人又是害己,人生的道路上,谁都不能担保不会陷入尴尬,面对别人尴尬的处境,是幸灾乐祸、落井下石,还是为对方提供一个恰当的台阶?这是"善"与"恶","智"与"愚"的分水岭,切不可为了自尊与虚荣而不给别人面子,要善于给别人面子,且要给足面子。

在社交活动中,能适时地提供一个恰当的台阶,使人免丢面子,是处世的一大原则。然而,台阶怎么个给法,并不是所有人都清楚。中庸,使对立双方保持均衡状态,对立的双方互相牵制、互相补充。明白了这个道理,你就明白如何给人台阶下了。

1.做一个心地宽容的人

宽容是良药,既能给别人疗伤,还能为自己解忧。生活中,无论任何人都难免会犯一些这样或那样的错误,犯了错误并不是就罪无可恕了,学会原谅别人,宽容别人,或许某些事情就会因此有了转机。

2.不要忘了他人的面子

人的内心都渴望得到他人的尊重,但也只有你先尊重他人才能赢得尊重。常言道:"送花的人周围都是鲜花,种刺的人身边都是荆棘。"如果你想保留自己的面子,首先应该以真诚的态度对待身边的人,尽最大努力维护对方的面子。

3.幽默地为他人设台阶

作家冯骥才在美国访问时，一位美国朋友带着儿子到公寓去看他。他们谈话间，那位壮得像牛犊的孩子，爬上冯骥才的床，站在上面拼命蹦跳。如果直截了当地请他下来，势必会使其父产生歉意，也显得自己不够热情。于是，冯骥才便说了一句幽默的话："请你的儿子回到地球上来吧！"那位朋友说："好！我和他商量商量。"结果既达到了目的，又显得风趣。

4.适时地给对方解围

如果他人陷入尴尬，你要懂得想办法解救对方。学会替人解围，能适时地为陷入尴尬境地的朋友提供一个恰当的台阶，使其不丢面子，这是让人喜欢和感激的摆脱困境的最快速的方法，这种智慧和美德，更有助于你树立良好的社交形象。

聊天密语：

你懂得尊重别人，就会获得别人的尊重，甚至能获得友谊和信赖。如果平时说话过于尖刻，只会伤害别人，让人口服心不服！其实给人台阶下，既是一种处世原则，又能体现一个人的素质和修养。

事实胜于雄辩

人生在世，我们很难对每件事情都心遂所愿、如愿以偿。我们常常遇到各种各样的难题，尽管有人会选择逃避，但是大多数人还是愿意勇敢面对。虽然大多数人都是非常和善友好的，但是在特殊的情况下，我们也会面对别有用心的人的故意刁难，或者因为遭到误解，被他人责难。在这种情况下，如何顺利过关呢？这就需要我们八仙过海，各显神通，各自展示自身的能力了。

不管是在生活中还是工作中，我们不可能都面对好人，也常常面对那些居心叵测的人。他们之所以刁难我们，理由多种多样，或者是上司看下属不顺眼，或者是朋友之间的嫉妒，也或者是因为我们过于优秀，木秀于林。总而言之，他人如果有意识地想要责难我们，总是能够找到各种各样的原因，这些原因也是我们很难反驳的。尤其是在职场上，作为下属，当我们不小心得罪了上司，那么上司想要责难我们简直是分分钟的事情，随随便便就能找到各种各样的理由，完全不假思索。对于这样故意地曲解，有些性格耿直的人会暴怒，指责对方不怀好意，故意针对我们。然而最终的结果呢，我们在与他们毫无意义的争辩中变得更加难堪，甚至因此落人话柄，导致一切都无法收场。也有些人胆小怯懦，不敢于上司发生冲突，因而只能一忍再忍，永远也不会忍无可忍。这样的做法尽管能息事宁人，但是唯一对不起的就是我们自己。想想吧，我们起早贪黑、朝九晚五地工作，凭借自己的劳动和努力吃饭，为何要平白无故受气呢！况且，有些上司总是捡软柿子捏，看到某个下属好欺负，就更加变本加厉。由此可见，逃避也不是好的方法，更不可能彻底解决问题。其实，真正明智的做法是暂时默不作声，但是却默默努力，最终以事实说话，证明自己的能力和实力，也使得上司再也不敢对我们搞小动作。当成绩切实做出来了，我们再发出声音，那就是有底气有实力的声音。

娅菲作为一名全职妈妈，直到和老公发生婚变，才重新开始工作。

然而，已经生疏了几年的专业，真的还能够再次做起来吗？娅菲找了很长时间的工作，都没有碰到合适的。无奈之下，她只好接受了自己的男闺蜜张总的帮助，在张总的举荐下进入一家知名公司的财务部，从最底层干起。

因为知道娅菲是裙带关系进来的，财务部的负责人马姐对于娅菲颇为不以为意。自从娅菲进入部门，她先是安排娅菲一个人去一个大冷库盘点，娅菲在盛夏穿着厚重的羽绒服和羽绒裤，独自在仓库干了三天，就把账目做好了。后来，又是接二连三地加班，同事们都很奇怪，马姐以前是反对加班的，现在为何天天加班到深夜，甚至是凌晨呢！直到有一个周五的下午，马姐要求大家周六全员加班，娅菲连夜做好了所有的工作，等到马姐周六早晨八点到达公司时，娅菲把工作交给了马姐，说："马姐，我的工作已经做完了，我要回家陪伴孩子了。"马姐毫不客气地说："我并没有说连夜加班的就可以周六回家啊！"娅菲也坚定不移地说："马姐，我虽然很需要这份工作，但是不会为了工作不陪孩子。我已经做完了所有的工作，我周五晚上回家换了衣服就赶回来工作，直到现在。如果你坚持让我加班，我只能申请辞职。"这时，马姐突然笑着说："曾经我以为你是个花瓶，因而对你不以为意。现在，通过这段时间的考察，我证实了你不是花瓶，你很有能力，也勤奋刻苦，好吧，我代表财务部全体职员欢迎你的加入。回家陪孩子吧，其实我们平时也很少加班的。"

就这样，娅菲以自己坚持不懈的努力和超强的工作能力告诉马姐，她虽然是通过关系进来的，但是绝不是华而不实的花瓶。就这样，娅菲得到了马姐的认可，未来的工作开展得非常顺利，她还与马姐成为了好朋友呢!

在这个事例中,崇尚实力的马姐误以为娅菲是靠着裙带关系进入公司的花瓶,因此对娅菲百般刁难。为了考验娅菲,她还给娅菲分派了很多艰巨的工作任务,结果娅菲全都提前保质保量地完成了。对于娅菲的表现,马姐看在眼里,记在心里,因而对娅菲非常满意。不得不说,娅菲虽然前期保持沉默。但是在做出一定的工作成就后,她明显说话有底气了。对于这样的结果,当然非常完美。

作为普通人,我们难免会遭到他人的误解,甚至会被他人不公正地评价,在这种情况下,我们与其忍辱负重、一忍再忍,导致成为他人手中的软柿子,不如暂时忍耐,默默努力,最终靠着实力为自己代言。这样一来,我们终将使他人无话可说,并且对我们由衷地竖起大拇指。

第 05 章

情景四：辗转职场，光明磊落惹人爱

详略得当地自我介绍更抓人眼球

口才实例：

董扉大学毕业后，和别的同学一样忙着找工作。在一次招聘会上，她给一家钢铁企业投了简历，因为这家企业正在招聘一名工程师，而董扉学的就是工程设计，可以说是不谋而合。遗憾的是对方需要的是有2—3年的工作经验的工程师。尽管如此，董扉并没有放弃，她觉得或许会有机会。

事实正如董扉所愿，在她投递完简历的第三天，她接到了那家钢铁企业的面试电话。做了充分的准备之后，董扉来到了面试现场。一看排着长队的面试人群，董扉顿时没了底气。但是她很快发现，在这次面试的人群中，很大一部分都是和她一样刚刚走出校门的毕业生。

轮到董扉面试了。她镇定自如地走进了面试室。在介绍自己的时候，她把自己的基本情况简单地做了介绍，随后把学校的社会实践活动和社会实习工作做了详细的介绍。期间，认真地回答了面试官的提问。面试结束后，面试官破例走上前来和她握手告别。整场面试，董扉对自己的表现非常满意。

随后，董扉接到了钢铁公司上班的通知，正式成为这家钢铁企业的一名员工。

技巧点睛：

在面试的时候，一般情况下都会让应聘者有一个自我介绍的环节。事实上，面试官除了在简历中了解一些基本的信息之外，还要通过自我介绍来了解应聘者说话办事的能力。所以，在自我介绍的时候，一定要详略得当，该说的说，不该说的不要说，需要做详细介绍的，一定不能一带而过，需要简略介绍的不要说个没完没了。你要清楚你的哪部分信息是面试官最想知道的，那么不妨多说一些。在具体的面试中，到底如何才能做到详略得当呢？

对自己要有个全面的认识

在面试的时候，要想在介绍的时候做到详略得当，对自己要有个全面的认识，知道自己的优势在哪里，也明白自己的不足在哪里。这样一来，在自我介绍的时候适当地多说一些你的优势所在。当然对缺点和不足也要适当地提及。没有人是十全十美的，面试官也是知道的。有些面试官对人的缺点和不足很感兴趣，只是想更深地了解你。所以在说缺点的时候要注意技巧。当然，相信他们更加注意你的优势所在。所以，在面试之前，要对自己有个全面的认识，在自我介绍的时候做到详略得当，给面试官留下一个清晰的印象。

说话的时候要富有逻辑

往往很多时候，面试官想知道的问题，应聘者没有回答，反而说了很多无用的话，或者是回答问题的时候，说话没有逻辑，东拉西扯，让听的人一头雾水，这样就会给面试官留下极坏的印象。所以，面试之前，在脑子中要多理一理，先说什么，再说什么。千万不要到时候一紧张，眉毛胡子一把抓，说得颠三倒四、答非所问。试想一个连话都说不明白的人，又怎么能把事情办明白呢？所以，在说话的时候可以说慢一些，但是要说清楚，说明白。这样说出来的话才能达到预期的效果。面试官能否被你的精彩介绍所吸引，很大程度上会决定你是否能得到这份工作。

要对自己充满信心

在做自我介绍的时候，要对自己有信心，要敢说话。很多前来面试的大学生，见到面试官后非常拘谨，不敢说话，在自我介绍的时候，也是说一下姓名和年龄以及毕业院校等基本的信息后就结束了。这给面试官一个错觉，觉得应聘者很不尊重他，因此对面试者抱有成见。所以，在面试的时候，对自己一定要有信心，要做充足的准备。在自我介绍的时候，要大声地把自己的优势和劣势说出来。或许面试官会被你的自信所吸引。相反，没有人喜欢唯唯诺诺，连话都不敢说的人。

遇到敏感问题须巧妙应对

求职面试过程中，面试官为了能替用人单位招收到最全面的人才，他们会从各个方面考察求职者，其中，不乏就一些敏感问题进行提问。作为求职者，我们只有做足准备工作，最关键的是巧妙应对，才能度过面试危机，进而赢得面试官的赞同。

夏小姐在北京某广告公司已工作5年多，业务上是一把好手。但因与上司长期不和，夏小姐忍无可忍，终于选择了跳槽。

在朋友的推荐下，她面试了好几家企业。无一例外地，招聘人员都问到了跳槽的原因。刚开始，夏小姐直言相告，却都没能应聘成功。朋友打探后告诉夏小姐，对方觉得她业务能力不错，但因"与上司不和"这一点而一票否决了夏小姐——与领导关系都搞不好，可见她不善于处理人际关系。

于是，夏小姐吸取教训，将离职原因改为"收入太低"，可应聘的几家单位却仍不敢要她。朋友打听后告诉她，对方怕被她当做"过渡"单位，一有更好的单位挖墙脚，就可能会再次跳槽。

夏小姐头疼地说："'为什么跳槽'真是个难解的题，怎么回答，都有可能被招聘单位抓'小辫子'。"

面试过程中，可能我们也会遇到夏小姐的问题。如何回答面试官"为什么跳槽"这一问题，很多高级职业指导师建议：尽量淡化敏感答案，不给招聘人员留下猜测的余地。

曾有调查表明，目前在面试中常见的离职原因包括：人际关系不好处理、收入不合期望、与上司相处不好、工作压力大等。但从企业招聘方来看，这些原因都或多或少包含求职者本身的因素，可能影响将来的工作发挥，如与同事及客户的人际关系、薪水问题、不能承受竞争等。因此，我们不应采用此类答案。而应尽量采用与工作能力关系不大、能为人所理解的离职原因，如不符合职业生涯规划、上班太远影响工作、休假问题等。

这里，避免敏感答案，并不意味着欺骗，如招聘人员问及细节问题，应如实回答。否则求职者的诚信度可能会被大打折扣，成功可能性更小。

另外考官提出的有些问题可能略显刁钻，或者似是而非，有的问题背后隐藏着考官真正意图，这些都需要我们以冷静的态度谨慎思考后，再作回答。

面试时，除了为何离职和跳槽外，有几个问题是公司面试人员常常会提出的，针对这些问题好好准备，在面试时也就不会哑口无言、无言以对了。下面就面试五大必考题作出分析：

1.为什么选择本公司的这个职位？

这通常是面试官最先问到的问题，也是很棘手的问题。因为面试官此时就开始评断录用与否了。这时，你需要明确自己去应聘的工作性质，是以专业能力为导向呢还是以沟通能力为导向？

回答这个问题时，一定要积极正面，如想要使自己能有更好的发展空间，希望能在相关领域中有所发展，希望能在公司多多学习等。此时可以稍稍夸一下面试公司，但切记一定要诚恳，不然可能会画蛇添足，得不偿失。

2.喜欢这份工作的哪一点？

对于这一问题，每个人的价值观不同，自然评断的标准也会不同。但是，在回答面试官这个问题时可不能太直接地把自己心里的话说出来，尤其是我们心知肚明的薪资方面的问题等，不过一些无伤大雅的回答是不错的考虑，如交通方便，工作性质及内容颇能符合自己的兴趣等都是不错的答案。如果这时自己能仔细思考出这份工作的与众不同之处，相信在面试上会大大加分。

3.你希望的待遇为多少？

这是一个非常敏感的问题。一个眼睛只盯着钱的人是不讨人喜欢的，但被面试官问及薪资问题时，你就不得不谈这个问题了。

其实在目前，一般大型企业在招聘时就会事先说明薪资待遇如何。而一般中小型企业有许多仍以个人能力、面试评价作为议薪的标准。

所以，我们在面试前要做好准备工作，你可以通过很多渠道，先了解该公司的薪资情况，再配合个人的价值观、经验、能力等条件综合考虑，从而得出一个最基本的薪资底限。对于无工作经验者，应采取保守的态度，以客观资料作为最主要的考量重点，"依公司规定"的回答是不被建议的，这样不但表示出自己对于工作的自信程度不高，在薪资无法符合个人要求时更会给自己带来许多困扰。

4.对公司的了解有多少？

这时准备的功夫就派上用场，将你之前所吸收的信息发挥出来。至少也要知道公司的产品有哪些，提供哪些服务等。

5.自己的优缺点分别是什么？

有许多面试官都喜欢问这个问题，目的是在于检视人才是否适当、求职者的诚恳度等。在这之前应该好好分析自己，将自己的优点与缺点列张单子，在其中挑选亦是缺点亦是优点的部分。在回答问题时，以优点作为主要诉求，强调可以为公司带来利益的优点，如积极、肯学习是最普遍的回答；而缺点部分则建议选择一些无伤大雅的小缺点，这样才不会使面试官太过针对缺点发问，从而造成面试上的困难。

适时探寻与工作相关的事宜

大多数求职者在应聘时只是一味被动、恭恭敬敬地接受用人单位的询问，在整个洽谈过程中丝毫不敢向面试官提出任何问题，致使洽谈形同审讯，你问我答，气氛紧张，结局往往不佳。其实，求职者在如实回答面试官提问之余，不失时机地委婉提问，非但不会惹恼面试官，有时反而能起到活跃场面气氛，把洽谈引向深入，加深对方了解自己的功效。须知求职本来就是一种双向选择的过程。只是需要提醒的是，面试时提问，必须掌握分寸和艺术，态度要委婉诚恳，措辞应得体大方，最好是在表达了自己乐意加盟的愿望之后再行提问。

面试接近尾声的时候，你可能会被问到："你有什么问题要问吗？"通常的答复会是："不，我想您已经什么都谈到了。"这种回答是错误的。这种错误的回答使你错过了通过问一些关键问题来表达你想为该公司工作的机会。

通常面试官会通过这样一个版块来提问，我们可以通过分析面试官的提问而提出自己想了解的问题：

1.自我介绍

一般而言，面试官首先会问一个开放式问题，给求职者一个自由发挥介绍自己的机会。比如"你为什么应聘这份工作"，"请介绍一下你自己"，"你的兴趣爱好有哪些"，"应聘这份工作，你觉得自己有哪些优势和不足"，"你将如何做好这份工作"等等。

2.跳槽、转行原因。

跳槽、转行原因等问题在面试中也常被问及。面试的目的在于判断应聘者的稳定性，员工的高流动率会影响组织稳定，降低组织效率，增加费用支出（招聘、培训）。因此，意气用事，草率行事的求职者不受欢迎。

3.质疑

面试官常通过突然质疑的方式来考察应聘者的情商："我们觉得你太年轻/年纪太大了，不大适合这份工作，你怎么看"，"说说你的缺点，好吗"，"应聘这份工作，你认为你还欠缺什么"；"你的专业不对口，我们为什么要录用你呢"等等。

4.陷阱式问题。

陷阱式问题有时将求职者设定在一个特定的背景下："通过简历，我们发现你的专业功底很扎实，经历也很丰富，这里正好有个Case，请发表一下看法吧"。陷阱式问题还有一个很明显的标识——"希望"，只要问题中带这个词的，往往就是陷阱式问题。例如"你希望有怎样的领导"，"你希望在怎样的环境下工作"，"你希望多少薪酬"。

听了面试询问的问题，我们应该如何提问呢？什么问题是合适的问题呢？

吴士宏在应聘IBM公司之前，并没有被朋友们看好。因为尽管她聪明伶俐胆识过人，但是毕竟没有受过任何正规的高等教育，也没有任何的背景，想进入用人十分挑剔的IBM公司是十分困难的事情。

在面试的时候。主考人员用十分轻蔑的语气问她："你知道IBM是家怎样的公司吗？"

对于很多人来说，面对这样的提问，应该用对这家公司的性质规模以及企业文化等方面的了解来回答，以取悦主考官。但是吴士宏却并没有浪费大量的口舌去吹嘘这家公司的影响，而是说："很抱歉，我不清楚。"

主考官愣了，就问道"那你怎么知道你有资格来IBM工作？"

吴士宏回答得十分干脆利落："你不用我，怎么知道我没有资格来工作？"之后，她就用英语说，她能通过自学考试取得和别人一样的文凭就证明自己并不比别人差。在她以前工作过的地方，领导和同事们也都相信她有能力胜任更多的工作。如果IBM公司能够给她一个机会的话，她会证实自己的能力和资格。最后，吴士宏又对那位主考官说："我相信，如果贵公司不录取我的话，将来一定会很后悔的。"

主考官听完她的讲话之后被她的自信和口才所折服，告诉她说："下个周一你就可以来上班了。"

吴士宏用打破常规的说话方式，充分展现了自己的才智和自信，让主考官从心底里愿意聘用她来公司工作。假如回答主考官问话的时候，只是一味地向去迎合对方，恐怕不仅得不到这份工作，反而会让主考官的心里对你产生很大的歧视。

求职者在应聘洽谈过程中巧妙地穿插提问，必须掌握"有的放矢"的原则，目的明确，内容具体，"提问"范围主要是应了解以下几方面情况：

1.公司情况

首先是企业性质；其次是企业规划与发展前景，如生产规模、经营范围、产品科技含量与市场占有率，甚或企业经济效益、远景规划、发展目标、国际市场开拓状况等。

2.薪资福利

薪酬结构、工资制度与福利保障状况，如职工人均收入、应聘岗位月薪标准、养老保险和医疗保险制度的健全与否等。此外，企业规章与劳动作息制度、工时与休假以及安全防护、工作环境方面的情况。

3.了解自己的工作职责

了解本人所应聘职位的岗位要求以及自己的职责、任务、有无岗前培训或深造机会以及晋升方向等。在此集中罗列可供深入洽谈、主动提问的线索，并非"逐一发问"，在实践应用中求职者必须随机应变，不能生搬硬套，要注意适可而止，一切以"提问"是否能引发面试官的表现欲为前提，如能挑起对方的交谈兴致，你的提问就算是成功的，一旦发现你的提问引起对方反感，自当立即打住。

4.谦虚请教

在采访结束前，应聘者可以谦虚地请教主考官：您认为我今天的表现如何？录取的机率有多大？通常，这个问题也会让对方认为，你对这份工作抱有很大的决心和企图心，比较适合应聘销售类型等要求企图心强的工作时提出。而应聘者也可以试着从对方的回答中，约略猜测出自己成功的机率有多大，并且作为下一次面试时表现的参考。

密钥：

敢于打破常规是一个人智慧和自信的体现，也是创新精神的象征。在面试过程中，传统的说话方式未必能够达到我们所想要的结果，那么就不妨转换一下思路，从别的地方入手，用崭新的说话模式来表达自己的思想，获得对方的认同。

用沉稳热情，获得考官青睐

在求职面试中，考官考察的是面试者的多种能力，不同的能力自然能够为求职者带来不同的面试机会。但无疑，任何一个考官往往看重的都是求职者的核心素质。其中求职者必须具备的一条核心素质是——在面试中你必须扮演好一个求职者的角色：你必须具有热情、亲和力，显得活跃，即使你的本性不是这样。而同时，你又不能让人感到虚伪，必须做到使考官产生"这位求职者说话沉稳但又不失热情"的感觉，让考官感受到你的热情和能量，才能在求职面试时牢牢抓住考官的眼球，"秀"出一个与众不同的自己，调动考官的心，从而最终赢得工作机会。

杰克现在已经是一个杰出的推销员了。数年前，他还是一个低调的求职者。谈到自己的求职经历，杰克始终记得三年前他曾向一家小型的公益机构寻求过一个职位，该职位的工作内容是与青少年打交道，他们大多辍学或轻微犯罪。这些青少年被要求参与社区劳动、做晨练早操等，目的在于帮助他们回归正道。因而这个职位要求能够管理和激励这些"问题少年"。

杰克顺利地通过了考官对他的初试，然后被通知进行复试，复试时考官中增加了两位来自总部的高级负责人。而半途中冒出的那句没头没脑的评论，至今仍让杰克难以忘却。

一位高级负责人说："你真的不错，问题也回答得好，但是看上去低调了些。"这大概就是面试中的所谓尴尬时刻。

考官的评论使杰克吃了一惊，这让杰克一时无言以对。糟糕的是，杰克失去了镇定。虽然杰克尝试着解释，但似乎都没有用了。

的确，可能杰克没有料到，考官会这样当场表态。因为一般来说，招聘者通常的做法应是，如果对某个应聘者有看法，面试的人会在纸上或心里记下这些看法，在结束了对所有应聘者面试表现的分析斟酌后，再亮出自己的结论。可见，这名考官的话明显让求职者感到不适，从而进入自卫状态。但其实，这是考官测试一个求职者能否沉稳应对突发状况的策略。如若杰克能沉稳镇定，先承认考官的观点，再作解释，比如这样回答："您说得对，我是低调了些。但我知道，要想做好这个职位，我必须经过一点时间使自己变得善于鼓动别人。在需要那样的时候，我会那样做，因为我的个性具备多种不同的层面。"恐怕考官会对杰克刮目相看，立即转变对杰克的看法。这样就能掌控考官的心理，扭转整个面试的局势了。

心理点拨：

那么，在面试中，我们怎样才能沉稳又不失热情地说话，从而调动考官的心呢？

1.表现出自己对工作的热心和进取心

任何考官，都希望能为企业和单位招到充满工作激情的人，这是毋庸置疑的。因为在工作中具有强烈进取心和热情的人，往往能够全面调动自己的综合能量，而且这种积极正面的工作状态会传染别人，带动身边人群乃至整个团队的良好发展。我们在说话的时候，要迎合考官的这一心理。

比如，面试提问：出于工作晋升的考虑，你打算继续深造吗？

此时，我们可以回答："作为一名大学生，我学到了很多知识，如果有合适的机会，我当然会考虑继续深造。但是我会认真考虑这件事，我觉得很多人回学校学习是很盲目的。如果我发现自己所做的工作确实有价值，而且也需要获得更多的教育才能在这一领域做得出色，我当然会毫不犹豫地去学习。"

这种回答显示了求职者的雄心、热情以及动力。会让考官觉得求职者具有与众不同的头脑，而且对重大职业决策非常认真。

2.沉稳回答，让考官折服于你的沟通技能

在职场中能够有效沟通，意味着能够清楚而有说服力地传递信息、想法以及态度，如果你能表明自己具有高超的沟通技能，而且能通过书面和口头语言有效地影响考官，那么你成功的机会就会大大增加。

比如，当考官提问：上下级之间应该怎样交往？

此时，我们可以回答："我认为能在企业各个层面上清楚地进行交流，这对企业的生存至关重要。我认为自己已经在这个方面培养了很强的能力。从上下级关系来说，最重要的是应该意识到每个人以及每种关系都是不同的。对于我来说最好的方式就是始终不带任何成见地来对待这种关系的发展。"

这种回答会给考官留下这一印象：求职者理解人际关系的复杂性以及多样性。求职者明确地表达了高效沟通技能的重要性，他在这方面很有自信。

3.尽量少用一些模糊概念的词

比如，考官问："你认为你有什么特长？"

这是一个相当宽泛的问题，它给求职者提供了一个机会，可以让求职者表明自己的挑战欲。对这个问题的回答将为面试者在判断求职者是否对这个职位有足够的动力和自信心方面提供关键信息。

如果回答:"我不知道。我擅长做很多事情。如果我能得到并且决定接受这份工作,我确信自己可以把它做得相当好,因为我过去一直都很成功。"

尽管表面上听起来这种回答可以接受,但是它在几个方面都有欠缺。首先,这种语言很无力。像"擅长做很多事情"以及"相当好"之类的话,都无法反映你的进取心,而如果不能表现出足够的进取心,就很难被考官接受。另外,将过去做过的所有事情同这个职位联系起来,这会让考官觉得,你对这一特定职位没有足够的成就欲望和真正的热情。

总之,在面试中,我们只有在沉稳的同时表达自己的热情,才能调动考官的心,达成我们面试成功的愿望!

随机应变,不在一棵树上吊死

生活中,对于那些说话时不动脑子,总是往枪口上撞的人,人们总是以哪壶不开提哪壶作为对他们的评价。的确,哪壶不开就应该不提哪壶,改而提另外开的那壶,这才是机智灵活的表现。尤其是在面试过程中,应试者总是与面试官面对面,根本无暇进行深入思考,而且也不能沉默太久,让面试官等得不耐烦,在这种情况下面试者唯有更加机智,避重就轻,才能这壶不开提那壶,给予自己更多的回旋空间。

所谓金无足赤，人无完人，每个人都是有缺点和短板的。面试过程中，面试官也许恰恰会抓住我们的短板进行提问，倘若刻意掩饰那些显而易见的短处，也许会招致面试官的反感，给面试官留下恶劣的印象。在这种情况下，最好的做法就是不要掩饰，而是扬长避短，在不动声色中转移话题，从而让面试官更加关注我们的长处，而忽略或者包容我们的短处。如此一来，面试官既会感受到我们的心胸坦荡，也会更加欣赏我们的优点和长处，从而对我们形成良好印象，对面试的结果只有好处，没有任何坏处。

近来，正在读大四的刘梦到处找工作，她所学的会计专业尽管需求量很大，但是很多单位都要求有工作经验，为此刘梦几次三番碰壁。直到有一家公司邀请她去参加复试，刘梦不由得欣喜若狂，心想：我一定要顺利通过这次面试，才能为自己找到工作，养活自己。

不想，面试过程中，面试官问："你觉得自己的缺点是什么？"当听到这个问题时，很多未曾充分准备的求职者都会觉得非常为难，毕竟评价自己不是一件容易的事情，太骄傲和太自卑，都会导致事与愿违，但是刘梦却暗暗窃喜，原来她曾经看过关于面试秘笈的书，早就慎重思考过这个问题了。只见她不慌不忙地回答："我觉得我最大的缺点就是死脑筋，不懂得变通，一条道走到黑，而且吹毛求疵。记得上大学那会儿我担任班委，负责管理班费，每次进行账目计算时，我差一分钱都不会罢休，都要反反复复核算好几遍。尽管同学们都说差个几毛几分的没关系，但是我的账目向来完美无瑕。我想，我是不是过于死脑筋了，但是我的确改不掉。包括现在我对于自己的生活开支也是记账的，而且分毫不差，尽管很累，但是看着工整整齐的账目，我心里觉得踏实。"可想而知，刘梦顺利得到了这份工作。

在这个事例中，刘梦之所以能够应聘成功，就是因为她随机应变，在说起自己的缺点时，的确直言不讳，毫不掩饰。她的缺点对于一个创意性的工作岗位而言也许的确是致命的，但是对于一个财务人员而言，则是难得的优点。聪明的刘梦看似说出了自己的缺点，实际上却在阐述自己对于会计工作的优点，因而得到了面试官的认可和欣赏，顺利得到了工作。

通常情况下，每个人都是有缺点的，没有任何缺点的、十全十美的人在这个世界上根本不存在。但是，缺点和优点并非是绝对的。任何时候，我们既要把优点发扬光大，也要正视自己的缺点，这样才能真正弥补缺点，扬长避短，取长补短。所谓条条大路通罗马，这条路不通我们还可以走另一条路。只要坚持不放弃，我们总能找到属于自己的人生之路。

扬长避短地说话，让考官从心里欣赏你的优势

人无完人，每个人都有优势，也有劣势。而在面试的时候，求职者只有学会扬长避短地说话，才能让考官在接受你缺点的同时，更欣赏你的优势。

一些求职者认为，只有诚实，才会让考官从心里承认你。而事实上，当考官问类似于"你觉得你自己有哪些缺点呢"一类的问题时，你说自己的缺点就是粗心大意、丢三落四，虽然面试官觉得你很坦诚，但

是也会认为你做事不细心、不认真，可能就不会给你机会了。也有一些求职者认为，只要告诉考官你所有的优势，丝毫不提及缺点，考官自然就不会对你产生负面印象。这种说话方式也是不正确的，因为任何考官对夸夸其谈自己优点的人都会产生不信任的心理。

事实上，只有巧妙地告知考官你的优劣势并学会扬长避短地说话，淡化你的劣势，强化你的优点，才会让考官觉得你虽然有某些缺点，但你的优点完全可以淡化你的缺点。当考官对你的优势产生欣赏后，自然会对你留下良好的印象。可见，学会扬长避短地说话，是把握考官心理的重要策略。

对此，我们可以从两个大方面做出努力：

第一，避短。

一般来讲，对应聘有利的优点有：注重学习、办事认真、容易相处、敢拼敢闯、不轻易认输、以厂为家等。了解了考官的偏好，回答就容易多了，关键看你如何将缺点逐一分解为优点：

1.我脾气太急，具体表现在：

①我打心眼里不喜欢做事磨磨蹭蹭的人，总想尽快完成工作；

②工作要是干不好，我就会跟自己过不去，自寻烦恼；

③遇到干活投机取巧的人，我常常会不给人家留面子。

这样说，表面上是自责性子急的毛病，其实是在说自己雷厉风行、工作有责任心。而几乎所有的企业与单位都希望招到这样的员工，作为考官，自然也不例外。

2.我很固执，有时过于主观，具体表现在：

①我的观点总跟别人不太一样，而且不喜欢被人牵着鼻子走；

②一般来说，我要是有了自己的观点后，别人想说服我可不容易，除非能拿出令人信服的证据和事实。

要知道，在这里，"固执"是"有主见"的代名词，"主观武断"亦是"果敢有魄力"的变相表达。有这些小"缺点"的求职者，依然会让考官产生一种欣赏的心理。

3.我比较粗线条，有点不拘小节，具体表现在：

①我做事大方向一般不错，但细节上有点丢三拉四，处理不好琐碎的事；

人都是有缺点的，考官也明白这个道理，而大方向不错，基本上可以算优秀，如果再以"小节"来要求，未免有些太苛刻。这实际上是在暗示考官：我是一个做"头"的料！

②我以前在生活中有点粗心，经常丢三落四，但是后来到工作中就慢慢变得细心了，我也觉得挺奇怪的。

这样既回答了面试官提问，又间接说明了自己现在已经改正了这些缺点，粗心大意已成为过去式了。

第二，扬长。

1.在合适的时机表露出来

比如面试官问你："你觉得你能胜任这个程序员的工作吗？"你如果回答："我觉得应该可以，因为我之前就一直在做这个工作，很了解应该怎么去做。"这样的回答在情理之中，没有什么亮点，但你要是这么回答："我觉得没有问题，因为我真的很喜欢这个工作，并且到现在也一直还在学习，与时俱进嘛，很多软件、程序都在不停地更新，只有不断学习才能做到最好。"这时，面试官一般都会点头赞许。因为面试官都希望能给企业招到那些喜欢学习、不断给自己充电的员工。

2.控制节奏

在与面试官沟通的过程中，控制节奏也很重要。你的节奏可能时快时慢，要是不注意，可能就刹不住车或者来个急刹车。比如面试官说话的语速较快，他可能还要面试很多人，那么你就不能慢吞吞地回答他的问题。

面试的时候还有一个问题也是要注意的，就是不要面试官问一句你答一句，有些回答应该是有预见性的。面试提出一个问题后，你要察觉出面试官想知道的其他信息。比如面试官问："你叫陈红，家是山东的？"你可以回答说："是，我叫陈红，我是山东人，不过我是在上海上的大学，学的是财务专业。"这些内容是面试官想知道的，你回答了，也省得他再问了。而且你这么说，会让面试官觉得，你是个思维敏捷、反应快的人。

而有时候，假若你是当天面试的最后一个人，面试官想和你多说几句，故而把节奏放慢。你也要识趣，不要以为面试已经结束而表现出无所谓的样子。比如他问你："你平时都喜欢看什么节目，有什么爱好没？"你回答："喜欢看体育节目"然后就等待对方继续发问。这种做法明显欠妥，因为此时考官希望你多说几句，希望你能跟他引起共鸣。如果你回答得那么干脆简短，他会觉得你过于程式化，没有自己的见解。

而如果你回答："我比较喜欢看NBA，我经常看，因为姚明的缘故吧，一直很喜欢火箭队……"这样的回答会让面试官觉得你的兴趣爱好与他相同,很可能对你另眼相看,给你更多机会。

  总之,在面试的时候,我们说话要懂得扬长避短,尽量弱化缺点,强化优点,这样,会让考官从心里欣赏你的优点!

第06章

情景五：接触领导，正确处理上下级关系

养成汇报工作的好习惯

许多人简单地以为工作就是将领导安排下来的任务完成，事实上汇报也属于工作职责之内。对于领导交代的任务，作为员工要懂得积极地回复，工作进行到哪种程度、有什么样的结果。不管工作完成得怎么样，都应该如实汇报、积极主动汇报，因为只有在接收到员工的信息之后，领导才可能基于工作最新的信息作出最具效果的决策。

对领导而言，在公司除了自己其余的人都是员工，不管是中层管理还是普通员工。那么，作为下属，更需要养成主动汇报工作的习惯，让领导了解你在忙什么以及你为公司所做的一切。所以，汇报工作不仅仅是下属的义务，也是下属的日常工作。

很多时候，领导作为统筹的人，并没有太多的空闲时间来主动询问你工作情况怎么样，很有可能因公事繁忙而忘记这个事情，那么作为员工就应该牢记本分，主动汇报工作。一方面，汇报工作可以使领导详尽地了解工作进展情况；另一方面，还有利于督促自己工作的进度。在很多时候，如果不养成主动汇报工作的习惯，会因疏忽遗忘而没做，或者已经做完没有将完成的结果上报，最后再回想这件事可能已经耽误了处理的最佳时机，甚至有可能演变为不了了之的结果。

第 06 章
情景五：接触领导，正确处理上下级关系

小冷是一位性格比较内向的女孩子，工作能力也是有目共睹的，在公司主挑大梁，做任何事情都兢兢业业，不过，她却一直做得很不开心。

由于公司只有一个文案员和设计师，小冷作为唯一的文案，承担了公司的大部分工作，包括编辑、策划、文案等等文字类工作。但事实上，这对于小冷而言，是一个不小的挑战，她只是擅长写文字，对策划和文案一窍不通。领导却总是说："你可以多看看，这个很简单，而且有模板可寻。"小冷是一个不善言辞的女孩，她只能偶尔抱怨着，但却赶鸭子上架般去接下这些工作。

有时候，在工作中遇到了困难，小冷也是自己闷着，不向老板汇报。在她看来，既然领导认定让自己做，再怎么说困难，领导也会让自己坚持下去，所以说了等于没说。她一边摸索着做这些完全不同的工种，同时痛苦地煎熬着。每次领导问工作进度怎么样了，小冷总是模糊应答："嗯，快了。"后面领导再问，她也会说："进行得很顺利！"到了最后，她把整个策划案交给领导，说："完成了。"

就这样，在两年的时间里，小冷一直做着许多与自己工种不同的事情，感觉很憋屈，却也不懂向领导如何求助、汇报。

像小冷这样的员工可以说是职场第一傻，总是埋头苦干，心甘情愿接下任何工作。当领导询问："有什么困难没？"员工总是回答："嗯，进展得不错。"当领导再问："完成了吗？"员工回答："是的，马上就快完成了。"这样一来，领导会觉得"原来这件事这么简单"，而员工在背后所做的工夫却被忽视了。而且，如果工作出现了困难，不向领导汇报，那万一自己解决不了呢？即便是自己最后解决了问

题，但在领导看来，"或许工作本身就很简单，所以他一点都没向我请教"。

作为员工，需要养成汇报工作的好习惯。一些员工恰恰是在汇报工作中脱颖而出，从而赢得领导的肯定与器重的。而那些平时不喜欢汇报工作的员工，由于担心领导知道自己一事无成，尽可能将汇报的频率减到最低限度；或是自以为汇报只是形式，根本没什么价值，觉得汇报工作或写书面汇报很麻烦；有的员工则是因为在之前的工作汇报中受到了批评，比如写了很差劲儿的报告而被指责，所以他再也不想汇报工作了；还有一些员工则是不善于汇报工作，尽管他的工作做得非常好，但就是不擅长汇报。其实，不管属于哪一类型的员工，都应该意识到汇报工作是工作的一部分，并且是至关重要的一部分。

不懂汇报工作，又如何能在职场脱颖而出。一般而言，越早学会主动汇报工作，就越能够早一点引起领导的注意，获得提升的机会。在管理界流传着这样的一句名言：下属的汇报永远不能达到领导的期望。通常情况下，做领导的根本不知道员工在做些什么工作，又在为什么而烦恼。所以，在日常生活中，员工要养成经常与领导沟通的习惯，及时向领导汇报工作，一旦工作有什么问题就立即与领导商量对策，如果是书面报告，需要写得详细清楚，千万不要敷衍了事。

1.善于汇报，让领导放心

一个员工如果不主动汇报自己的工作，反而会让领导心中产生这样的疑惑：他好像每天都很忙，不过他到底在忙些什么呢？那么，作为一个员工，需要主动报告自己的工作进度，让领导放心，不能因为小小的错误，发展到后面的不可挽回，造成不可弥补的损失。早一点向领导汇报工作进度，一旦有错，就能及时纠正。

2.善于汇报，容易得到领导的赏识

向领导汇报工作是员工的基本功，每次工作汇报，都可以让领导肯定你的成绩，甚至对你刮目相看。反之，如果不善于汇报工作，领导看不到你的工作成绩，则可能否定你的工作与成果，甚至于你的能力。

密钥：

所以，我们可以说，一个成功的人必然是一个善于汇报工作的人。不过，在实际工作中，工作汇报能力是多数人众多能力素质中需要提升的短板之一。作为员工，应该努力养成主动汇报工作的习惯。

摆正位置，避免与上司争执

"不要争辩"被写入了许多权威的行为准则中。任何明智的上司都欢迎不同的意见，但是他们反对将时间花在争辩上。当然，"不要争辩"并不是说下属需要无条件地接受上司的观点，而是强调下属不要对上司产生对立情绪，尽量以温和的方式来提出自己的意见。当然，如果有机会当面提出不同的意见，我们所需要记住的是千万不要"拍案而起"，除非你不想在这个公司继续工作，即使你怀着这样的想法，也应该警惕自己的行为，因为任何一个上司都不会喜欢与自己争辩的下属。作为下属，我们应该摆正自己的位置，不要与上司发生争执。

有一次，魏徵在上朝的时候，与唐太宗争得面红耳赤，唐太宗实在听不下去了，想要发作，又怕在大臣面前丢了自己接受意见的好名声，只好勉强忍住。等到退朝以后，唐太宗憋了一肚子气回到内宫，见了妻子长孙皇后，气冲冲地说："总有一天，我要杀死这个乡巴佬！"长孙皇后很少见太宗发这么大的火，问他说："不知道陛下想杀哪一个？"唐太宗回答说："还不是那个魏徵！他总是当着大家的面侮辱我，我实在忍受不了了！"

虽然，最后唐太宗在长孙皇后的规劝下，知晓了事情的利害，以自己莫大的宽容谅解了魏徵的直谏。但是，我们却不难看出，上司对一个与自己争辩的下属是相当气愤的，毕竟并不是每一个上司都能做到唐太宗那样的虚怀若谷，作为下属，应该时刻牢记自己所处的位置。如果真的需要提出不同的意见，我们也应该选择恰当的时机，以幽默的方式提出来，懂得维护上司的自尊心，诙谐而富于策略地提出反对意见，这样，上司才会乐于接受。

1.清楚地说明问题

许多争辩的发生是由于上司与下属的沟通不良造成的，因为双方都不了解对方到底在想什么。如果彼此都能将问题摊开了说，那么争辩也就会随之消失了。作为下属，应该首先清楚地阐述自己的观点，以便上司能够准确地理解。或者，将自己的观点写在纸条上，请上司考虑，这样有助于冷静地说明问题，而且很容易达到自己的目的。

2.站在对方的立场考虑问题

想要上司了解你的想法，相应地，你也应该了解上司工作的苦衷，这样对于双方都是有帮助的。在意见出现分歧的时候，假如你能设身处地地为上司着想，那么，上司自然会理解你的想法与建议，从而接受你的观点。

3.对事不对人

在向上司说明问题的时候，需要注意就事论事，不要借此机会把你对上司的不满发泄出来，这样会让上司觉得你这个人太偏激，很有可能会引发一场大的争执。或许之后你便可以另谋高就了。

4.心平气和的态度

心理学家说："在沟通交流中，如果你的态度来势凶猛、大吵大闹的话，也会惹得对方勃然大怒。"因此，我们在与上司交流的过程中，一定要心平气和，尽量使用委婉平和的语气。

准备充分，让工作效率大大提升

与领导说话，并不像与隔壁的三姑六婆说话那样简单、无拘束，更不像拉家常一样，想到哪里说到哪里。与领导说话，还需要事前做好充分的准备，先说什么，后说什么，话题的重点是什么，需要注意哪些细节部分，这些问题都需要考虑清楚，而不是临时到了领导面前，想一出说一出。我们都知道，领导日理万机，平时的工作已经是相当忙了，他只有在工作之余抽出时间来与下属交流，在这时下属就需要把握好时间，不能泛泛而谈，而是需要提前做好准备，比如，你只需要耽误领导十五分钟，那你在这个时间内到底要阐述什么问题呢，能否完整地阐述完呢？这些都是需要考虑的；相反，如果没有提前做好准备，到了那里东一句西一句，领导根本没听清楚你到底说的是什么，结果还白白地浪费了他的时间，这样一来，领导是很容易对你产生厌恶情绪的。所以，作为下属,在与领导说话时,一定要准备充分,千万不能想到哪里说到哪里。

娜娜来公司一年多了,但工资一直不见长,而她觉得自己工作能力也不错,为什么领导总是不跟自己提加薪的事情呢?想了想,干脆自己主动向领导提出加薪。俗话说:"知己知彼,百战不殆。"娜娜在与领导谈加薪之前,她做足了准备工作。她先搞清楚了行业内的基本水平,清楚地知道自己"值"多少薪水,而且还了解了本公司的实际薪资情况,她想,在了解了公司工资发放的大致情况,合理评估自己身价的情况下,需要勇敢地维护自己的正当权益。

准备工作都做得差不多了,娜娜还需要考虑什么时候向领导提出加薪的要求。前些天,领导在为工作事情忙得头昏脑胀的时候,绝对不可以说加薪的事情,而是需要选择领导心情轻松的时候。

这天领导有事请娜娜去办公室,正在娜娜疑惑的时候,领导竟然破天荒地表扬起娜娜来:"你上次所写的论文竟然发表了,而且荣获了一等奖,这是我们公司的集体荣誉,也是你个人的荣誉。"娜娜看着喜笑颜开的领导,心想:机会来了。娜娜半开玩笑地说:"我很高兴我的工作能力被您认可,但如果这种认可能转换成银行卡上的数字,我会更高兴的……"由于准备充分,娜娜说话一点儿也不紧张,说完了这句话,满脸期待地看着领导。

领导假装咳嗽两声,接着说:"我还以为是什么大事呢?就这个啊,行啊,没问题,你来咱们公司一年多了吧,其实我早就想跟你谈谈加薪的事情了,但一直以来没找到合适的机会……"当然,娜娜的这次加薪要求成功了。

在这个案例中,娜娜向领导提出的加薪要求最后被批准了,其实最重要的原因应该得益于她事前做好的充足准备。有条不紊地说话,再加上半认真半开玩笑的语气,这些都让领导无法拒绝。娜娜巧妙地抓住领导表扬自己的最佳时机,向领导提出加薪要求,在整个说话过程中,她只说到了"加薪"这一件事情,而没有说其他的,更不是想到哪里就说到哪里。

1.应该说些什么

通常下属想与领导进行面谈,那肯定所谈论的是一个问题或一件事情,在正式谈话没有开始之前,下属就应该思考谈话的方方面面,做好准备:这个问题或这件事情是什么,如何清楚而简洁地论述出来,自己想要表达的意见是什么,希望领导应该怎么做,或者是预想领导会给出什么样的意见,等等。做好了充分的准备,才能促进上下级谈话的顺利进行。

2.不要从一个问题说到另外一个问题

在现实工作中,我们经常看到一些说话毫无章法的下属,他们往往是想到了一句话就冲进领导办公室,张口就说:"领导,我觉得这件事……"结果,说了两三句话,忘记了下面该怎么说,忽而想到了另外一个问题,又开始说其他的问题,搞得领导自己也迷糊了:这位下属到底想说什么呢?对于下属这样的说话方式,领导是极其反感的:一方面浪费了自己的时间;另外一方面也降低了工作效率。

提反对意见要分场合

你的反对怎么说才会成立。身在职场，向领导表达你的反对之意的时候，要注意说话的方式和方法，既要把你的反对之意表达出来，又要充分地照顾到领导的面子，这样你的反对之意才能成立。

身处职场，作为下属的你，面对领导的不合理要求总是极度为难。如果表达反对之意，万一因此而得罪领导，势必会给你的职场生活带来不必要的麻烦。如果默不做声，不表达你的反对之意，你则会饱受委屈。如何让你的表达之意被领导所接受和认可，又不至于因此而驳领导的面子，是身为职场的你需要考虑的问题，那么究竟如何才能做到这一点呢？

1.要表达你的不好意思

作为下属，是没有资格跟领导提反对意见的，因为领导的话就是命令。因此，在向领导表达你的反对意见的时候，要把你的歉意充分地表达出来。事实上，这是在向领导示弱。一般情况下，领导都会尊重你的想法。

比如，下班的时候，领导突然要求你周末加班，这让你很不高兴，你在表达你的反对之意的时候要这样说："领导，实在不好意思啊，我周末要去照顾生病住院的奶奶，所以……"领导听你说有事，自然会考虑取消加班的决定。

2.有意见不妨私底下提

作为领导，在下属面前势必要维护尊严，如果你当着别人的面提反对意见，这无疑让领导为难，如果接受你的反对意见，势必颜面无存，威严扫地，如果不接受，你又有情绪。这时候，领导一般会拒绝你，尽管他很想接受你的反对意见。所以，提反对意见的时候不妨私底下提，维护领导的尊严。比如，领导安排你去接待客人，可你最近却在忙着结婚，与其当着同事的面被领导训斥，不如悄悄地溜进领导的办公室，把你的苦衷说出来，领导自然会特殊照顾你。

3.找个合情合理的理由

对方是你的领导，要求你做事情也是应该的。尽管不合理，但是你拒绝的时候一定要找个合情合理的理由，这样无疑给自己，也是给领导找个台阶下。当然，你的理由一定要合情合理，要让领导相信你是真的不能答应他，而不是不愿意答应他。这样，即使被拒绝了，领导也会欣然接受的。

比如，领导要求每个员工都去参加拓展训练，你不想去，不妨这样对领导说："领导，我最近身体不舒服，我不想参加拓展训练了，可以吗？"当你不好意思低下头的时候，领导自然明白你在生理期，从而也就不好意思再要求你了。

很多身在职场的年轻人，面对领导的不合理要求时，要么乖乖地听话，委曲求全，要么直言反对，动不动就拍桌子走人。事实上，你完全没有必要这样，只要你在表达反对意见的时候注意方式方法，通常领导不会强迫你做不想做的事情。千万不要觉得在领导面前就矮人一头，不敢说话，也不要觉得自己有学历，有才能就摆错位置。向领导提反对意见，既不能做"软柿子"，也不能做"刺儿头"，这样才能既维护了自己的权益不受伤害，又不至于伤害领导。

年轻的朋友千万记住：身在职场，向领导表达你的反对之意的时候，要注意说话的方式和方法，既要把你的反对之意表达出来，又要充分地照顾到领导的面子，这样你的反对之意才能被接受。

向领导抱怨，要讲究方式方法

向领导抱怨，你得动动脑。是说作为下属的你在向领导表达不满和抱怨的时候，要拿捏好领导的心理，学会转移嫁接，把话说得委婉隐晦一些，让领导听着舒服，既能达到你抱怨的目的，又能给领导留下好印象。

身在职场，对工作的环境不满意、对工资待遇的不满意等都可能使下属产生抱怨。但是，同样是表达不满情绪，有的人的抱怨让领导觉得他是诚心实意地为公司着想，不但不会受批评，还会给领导留下极好的印象；有的人的抱怨却让领导觉得他嫌弃公司，嫌弃工作，而遭到领导的批评和责骂。究其原因，是因为前者抱怨的时候把话说得刚刚好，而后者抱怨的时候却不动脑筋，一味地表达情绪。可见，得到两种不同的结果也是理所当然的了。那么，在向领导抱怨的时候，如何表达才算合适呢？

1.把抱怨的矛头对准自己

很多聪明的人在抱怨工资待遇低，工作环境恶劣的时候，往往选择把矛头对准自己，通过对自己的抱怨表达对公司的不满。这样，领导听了自然不好意思再让下属受委屈。

比如，公司领导安排你开车接客户，可是由于车破旧不堪，坏在了路上，让你非常的尴尬。你不妨回到公司，对老板说："今天倒霉透了，你说说我在学习驾照的时候也学了汽车维修，怎么今天就派不上用场了呢？"听上去是在抱怨自己没有学好汽车维修技术，实际上却在表达公司的汽车实在太破了。

2.抱怨的时候对事不对人

当你的领导安排你去办事情，结果事情一波三折，而领导又处理得一团糟，让你这个下属吃尽了苦头。按理说，你对领导非常不满，但是你在表达对他的抱怨的时候千万不要针对他，而要针对你们今天遇到的事情。

比如，你和领导一起去参加客户谈判，对于谈判地点，客户有意见，最后费尽了口舌，客户终于被说通了，而经理又把客户放了鸽子，在晚上安排客户吃饭的时候，喝醉了酒，又骂了客户。在这种情况下，你抱怨的时候就要这样说："这叫什么事情啊，我这一整天都在给人家装孙子，事情怎么就这么不顺利啊？"当然，经理明白，这个不顺利是因为他引起的。

3.愤怒时也要注意言辞

往往人在愤怒的时候才会抱怨。但是，即使是抱怨，也要注意你的言辞，切不可因为情绪激动而得罪你的领导，否则，给领导留下不好的印象，势必会影响你职场的发展。

比如，你在同对方谈合作事项的时候，屡次打电话征求经理的意见，最后经理决定提高商品的价钱。结果导致合作的失败，而你把这个消息告诉经理的时候，却遭到了经理的责骂。你在抱怨的时候，不要直接指责领导，而要这样说："我到底该怎么做才合适啊？这可真是件为难的事情。"你的质问往往让经理坐立不安。

很多年轻人往往脾气比较大。在遭到指责之后，当着领导的面，就开始不停地抱怨，结果让经理非常尴尬，因而给经理留下了不好的印象，在工作中或多或少地给自己设置了障碍。事实上，身在职场，抱怨是不可避免的。但是在抱怨时，要动动脑子，学聪明一些，让你的抱怨之词能达到改变现状的目的，而不要变成带来麻烦的借口和由头。当然，这需要一定的技巧和方法。

用妙语化解与上司的矛盾

宇宙万物，无时无刻不处于矛盾之中。身处职场，与上司共事、相处，难免会出现碰撞而导致误解和矛盾的产生。有时往往不经意就得罪了某位领导，而我们自己却浑然不知，等到弄明白是某位领导误解了我们的时候已经为时晚矣。

那么，误解缘何而生？这是非常复杂的问题，因为它涉及人的心理活动的复杂性。嫉妒、多疑、防范、自负甚至是对你过度的喜爱，都能诱发领导心中对你的不信任感，导致各种误解。而产生误解的一般性原因或者说客观性原因是：上下级之间存在着信息不准确或沟通不足的问题。由于下级和领导缺乏足够的交流，这样他便缺乏对你全面、直接和感性的认识，容易受他人意见的蒙蔽、直觉的左右和主观判断的影响，从而对你的言行产生认识误差。

而其实，矛盾并不可怕，最重要的是我们能够勇敢地正视它，并运用自己的智慧和技巧化解它,上下级之间一个最常见的矛盾就是彼此之间存在着误解和隔阂。如果处理不当或掉以轻心,误解便会成为成见,隔阂更会扩展成鸿沟,这无疑对下属是极为不利的。关于矛盾的化解,有时候,我们可以借助语言这一媒介,只要我们善于从上司的心理出发,通过三言两语,把话说到上司心坎儿上,削弱并化解矛盾并不是没有可能。

心理点拨:

上司误解了下属,一般而言,他不会主动找你进行沟通。你对待上司的误解时最明智的态度就是及时、主动地去消除它,不让它成为定型之见。否则好的机缘会与你擦肩而过,让你悔之晚矣。以下六点消除误解的方法可供参考:

1.极力掩盖矛盾。每当有人说领导和自己的关系不好时,你要极力否认此事,制止事态的扩大,更利于缓和矛盾;

2.公开场合注意尊重领导。在工作中经常碰面,要主动和领导打招呼,不管领导爱理还是不理,脸上要挂着微笑;

3.背地里注重褒扬领导。要知道当面说别人好不如背地褒扬别人效果好。背地里褒扬领导,领导肯定会高兴的,这样更利于误解的消除;

4.紧急情况"救驾"。平时工作中,你若知道领导遇到紧急情况而没有台阶下的话,你要挺身而出及时前去"救驾",做好打圆场的工作,这有利于领导心理平衡,消除误解;

5.找准机会解释前嫌。待领导对自己慢慢有了好感以后,你要利用机会,与领导很好地进行交流以解释前嫌。

最近,职员小王有这样一个苦恼,她向好朋友诉苦:

"我们组一共两个人,我是领头的。目前由于原来组员离职,新调来一位在我们部门有4年多工作经验的女孩。我们俩关系还好,沟通没有问题。目前她觉得工作做不过来,要去找领导谈,但是去找之前和我沟通过了,我认为她是老员工并且是公司的骨干员工,她去找领导沟通沟通应该没有问题,领导会给她更好的指导和鼓励。但他们沟通完的结果是领导找我了,认为我工作做得不够好,工作分配似乎不合理,没有缓解她接手新工作的压力。这个结果完全出乎我的意料,并且对我以前的工作很是怀疑,我很是委屈,觉得领导对我的误解很多,实际上工作中并不是这样的,我觉得自己付出很多。在领导找我谈的时候我已经说了,但是回想后觉得自己并没有完全表达出来,而且越想越生气,我该如何处理好呢?我想再找领导谈谈。"

而她的朋友是这样给她支招的:"我觉得,你可以和领导谈谈,譬如你的看法,不用太小心谨慎。其实领导一般还是希望得到员工的真实想法的。但是谈话之前,你要做到有理有据。把你手头的工作理一理。哪些是给这个女孩做的,哪些是你做的。和领导说话,要口气温和,有理有据。针对领导觉得你分配不合理的地方,说出你的看法,或者听领导给你更好的建议。但要注意时机和场合,有第三人在场或领导百忙缠身、情绪不佳时都不宜沟通,沟通时也须注意实事求是和自身情绪,否则你稍不注意就可能引来个人发展中的麻烦。毕竟领导也是人,尤其是存在形形色色的领导。"

小王按照朋友的建议,找了个机会,解开了误会。自从那次后,领导似乎更加信任小王了。

小王的做法是正确的,在合适的机会下沟通,才能起到预想的效果。从心理学的角度看，人们能否接受建议，是与心境有关的。当上司百忙缠身、情绪不佳时，你若想解开误会，恐怕会事与愿违。

6.经常加强感情交流。领导与你的误解烟消云散之后，你不要掉以轻心，而是趁热打铁，通过经常性的感情交流增进友谊，让感情与日俱增。

做到以上几点心理策略，我们与上司之间的矛盾必当会逐渐解开！

第07章

情景六：激情演讲，散发无限风光魅力

有门道的演讲开头与结尾

开场白，顾名思义就是一开场所说的话。开场白开得不好就等于白开场，人与人见面时的第一印象十分重要。俗话说"好的开始是成功的一半"，所以说开场白非常重要。对于演讲者而言，开场白就是沟通演讲者和听众之间的第一座桥梁。作演讲开场白最不易把握，要想三言两语抓住听众的心，并非易事。如果在演讲的开始听众对你的话就不感兴趣，注意力一旦被分散了，那后面再精彩的言论也将黯然失色。因此只有匠心独运的开场白，以其新颖、奇趣、敏慧之美，才能给听众留下深刻印象，才能立即控制场上气氛，在瞬间里集中听众注意力，从而为接下来的演讲内容顺利地搭梯架桥。

同样地，很少有人愿意在结尾上雕琢更多。他们仅仅是轻描淡写地草草收场，结果可想而知：费尽口舌发表的长篇大论很快就被人们遗忘。要想使人记忆深刻，你的结尾必须像开场一样气势磅礴，掷地有声。演讲的结束语应该简洁有力。

那么如何做好开头和结尾呢？现给大家介绍几种常见的开头和结尾方式：

1. 如何进行开头

（1）以一则小故事开头

用形象性的语言讲述一个故事作为开场白会引起听众的莫大兴趣。可供使用的故事一般有两类：幽默的故事和一般的故事。但使用幽默的故事一定要注意，讲话者需有幽默的天赋，切不可平淡，呆板；而后一类故事，可以是现实生活中的趣闻轶事，也可以是中外历史上有影响的事件。无论使用哪一类故事，都应注意与自己的谈话内容相衔接。

1962年，82岁高龄的麦克阿瑟回到母校——西点军校。里边的每一种东西都令他眷恋不已，浮想联翩，仿佛又回到了青春时光。在授勋仪式上，他即席发表演讲，他这样开的头："今天早上，我走出旅馆的时候，看门人问道：'将军，您上哪儿去？'一听说我到西点时，他说：'那可是个不错的地方，您从前去过吗？'"这个故事情节极为简单，叙述也很平淡，朴实无华，但饱含的感情却是深沉的、丰富的。既说明了西点军校在人们心中非同寻常的地位，从而唤起听众强烈的自豪感，也表达了麦克阿瑟对母校的那种深深的眷恋之情。

接着，麦克阿瑟不露痕迹地过渡到"责任—荣誉—国家"这个主题上来，水到渠成，自然妥帖。

（2）从展示物品开头

每个人都有好奇的天性，如果心中一旦有了疑团，非得探明究竟不可。为了激发起听众的强烈兴趣，可以在讲话之前，先拿出一件物品，肯定会让在座的听众挺直身子。他们会猜想：他要表演魔术吗？这就引起了听众的好奇心。展示的物品可以是一幅画，一张照片或任何一件其他实物，只要有助于讲话者阐述思想，能帮助讲话者引起话题的实物都可以。当然，这并不是故弄玄虚，只要使听众的好奇心得到满足即可。

（3）用令人震惊的事实开头

它可以使听者从一系列触目惊心的事实中醒悟过来，造成一种悬念，使听者急于了解更多的情况。

（4）以"一个问题"开头

开场时提出一个问题，听者就会顺着所提的问题去思考，有一种急于知道答案的想法产生。值得注意的是，提出的问题要新颖，不要过于简单，尽量提一些能带给听者教益和启发的问题。

（5）用名人的话开头

一般人都崇拜名人，名人的话都有一种吸引听者的磁力，但引用名人的话时一定要恰当，要符合情境。

（6）用赞颂的话开头

一般来说，人总是爱听称赞颂扬的话。讲者开始讲话时，真诚地赞颂该地区的巨大变化和当地人民取得的惊人成就等，这样就把听者和讲者的距离拉近了，气氛很快就会活跃起来。

开头的方式多种多样，每一个演讲者都应根据不同场合、不同话题和不同对象，选择适合自己的演讲开场白。但不管采用哪种方法，吸引听者并打动听者是最终目的。

2.如何进行结尾

有以下几种结尾的方式：

（1）总结演讲的中心内容和思想

人们演讲，总是有一定的主题，在演讲者一段慷慨激昂的的陈词之后，可以用极其精练的语言，简明扼要地对自己阐述的思想和观点作一个高度概括性的总结，以起到突出中心、强化主题、首尾呼应、画龙点睛的作用。

（2）简洁而真诚地赞扬

俗话说："良言一句三冬暖。"在演讲结尾进行诚挚地赞颂，无形之中就充满了情感和力量，极容易拨响听众的感情之弦，引起听众繁荣和谐的共鸣。

（3）含蓄幽默的结尾

用含蓄、幽默的言辞或动作作为演讲的结尾，意思虽未直接表露，但富有趣味，发人深省，听众在欢声笑语中禁不住要去思考、领会演讲者含而未露的深刻用意。

我们可以说一个演讲者能在结束时赢得笑声，不仅是自己演讲技巧十分成熟的表现，更能给本人和听众双方都留下愉快美好的回忆，这也是演讲圆满结束的标志。

（4）留下疑问，以引起思考

在演讲结尾时，演讲者向听众提出问题，甚至是一系列的问题，让听众进行思考。这样的结尾方式的优点在于能更好地让观众参与到演讲中来，而且让观众深入思考，做到以境感人。

总之，成功的演讲要求能做到凤头、猪肚、虎尾，即开头要引人入胜，内容要丰富多彩，结尾要有力量。

意外冷场的独门技巧

演讲中，由于演讲者不善表达或听众对演讲内容不感兴趣等各方面原因，会造成演讲的冷场。当然，这一局面出现的根本原因在于发言者的话没有吸引力。听者仅仅是出于纪律的约束或处世的礼貌而扮演一个接受者的角色。对于演讲者而言，冷场无疑是一种"冰块"，会令其窘迫。

那么，演讲者在遇到冷场后，该如何重新扭转局面呢？我们可以掌握以下方法：

1.让听众积极参与到演讲中来

造成演讲冷场的原因之一，就是演讲者单向地陈述问题，而听众被动地接受信息。也就是说，如果演讲者在以自己的演讲辞和形象的语言来感染听众的同时，听众的积极回应也有利于推动演讲的顺利进行。

因此，要改变这种尴尬局面，可以从此处入手。比如，我们可以向听众提出富有针对性和启发性的问题，可以调动听众参与演讲活动的热情，使他们意识到，自己也是整个演讲的一个重要组成部分，这样会有效地避免冷场和打破冷场。

一位领导正在面向群众进行普法意义的演讲，由于话题具有一定的专业性，听众的注意力出现了分散，进而不少人开始交头接耳起来。这时，这位领导者及时提出了这样的问题："请开小差的同志们想想，如果我们自己的权益受到了侵害，我们又将怎样来寻求法律的帮助呢？"这样一来，交头接耳的听众也就能重新将注意力转移过来。

2.转换话题

所谓转换话题，就是当众讲话遭遇冷场时可通过暂时转换话题的办法吸引听众的注意力。如通过穿插趣闻轶事活跃现场气氛来吸引听众的注意力。因为趣闻轶事是人们在生活中津津乐道的闲谈资料，生活中的许多情趣即由此而来。

演讲者抓住人们渴望趣味的视听倾向，恰当而又适时地讲述一些趣闻轶事，会使混乱或呆板的演讲现场马上活跃起来，听众的注意力也被迅速地集中到演讲内容上。这时演讲者再要回到原有话题的轨道，而效果就要理想得多了。如果是双向交流，话题的转换就是不定的，要根据现场情况随时进行。

当年孙中山先生在广州广东大学，即中山大学发表演讲。听讲的人多，通风不够，空气不好，所以有些人精神较差，显得比较疲倦。孙中山先生看到这种情况，为了提起听众的精神，改善一下场内的气氛，于是巧妙地讲了一个故事：

孙中山小时候在香港读书，见过有一个搬运工人买了一张马票，因为没有地方可藏，便藏在时刻不离手的竹竿里，牢记马票的号码。后来马票开奖了中头奖的正是他。他便欣喜若狂地把竹竿抛到大海里去，因为他以为从今以后就不用再靠这支竹竿生活了。直到问及领奖手续，知道要凭票到指定银行取款，这才想起马票放在竹竿里，便拼命跑到海边去，可是连竹竿影子也看不见了。

讲完这个故事，听众们议论纷纷，笑声、叹息声四起，结果会场的气氛活跃了，听众的精神振奋了。于是孙中山先生抓住时机，紧接着说，"对于我和大家，民族主义这根竹杠，千万不要弄丢啊！"很自然地又回到原有话题的轨道上。

3.适时地赞美听众

演讲者即兴演说的同时，如果忽略了听众，自然会出现冷场。此时，演讲者应当注意采用恰当的方式，拉近与听众的心理距离。贴近听众的一个有效方法就是发自内心地赞美听众，用合情合理的话语拨动听众的心弦，激起共鸣，使听众重新对演讲产生浓厚的兴趣，从而打破冷场的尴尬局面。

4.制造悬念，激发听众的兴趣

一个高明的演讲者一定会活跃演讲气氛，他们很善于制造悬念。一个好的悬念能起到拯救演讲危机、让演讲者再度成为听众注目的中心的作用。

因此，在演讲中制造悬念，可以有效地吸引听众的注意力，使演讲内含的信息和情感得以准确传达。如果演讲者能在出现冷场的情况下，适时地制造一两个悬念，确实是重新吸引听众注意力非常有效的办法。

总之，只要我们能做到以上几点，当冷场出现时，及时采取控制手段，就能扭转局面，让演讲得以顺利进行！

抑扬顿挫，调动听众情绪

口才实例：

一次，一位保险公司的经理要向公众做一次关于参加保险的重要性的讲演。

只见他语气很平缓地开头道:"诸位,你们能认识到参加保险的重要性吗?你们知道按照人寿保险专家的话,你还能活多少岁吗?按寿险统计学家说,你的寿命就是你现在的年龄和八十岁之差的三分之二。比方你现在是五十五岁,那么,你现在的年龄和八十岁之差是二十五,那么你的寿命就是二十五的三分之二了,就是你还能活八九年的功夫。这是根据千百万人精确统计而成的,绝对不会有错的。"

就在底下的人窃窃私语的时候,那位经理忽然提高语气,话音一转,说道:"我们该怎么办呢?我们不该趁着现在,以微小的代价来为子孙后代留下一笔巨大的钱财吗"说道激动处,那位经理站起了身挥舞着双手,好像恨不得自己现在就买双份。

就是这一番煽情的讲演,调动了大部分现场的人的情绪,使人们觉得买保险是现在马上必须要办的事情。

技巧点睛:

演讲中的高手,通常都是能积极地将观众的情绪调动起来,使观众的情绪随着自己语调的起伏而起伏,成为"煽情"的好手。初次登台的演讲者,缺乏的正是这种调动听众的积极性和语言的生动活泼。在口语表达中,语调的抑扬顿挫不仅能够调动听众的情绪,也更有利于口语的表达,使你所说的每一字都能清晰地传达给听众,做听众情绪的指挥家,使听众的感情随着演讲人情绪而高低起伏,从而达到"煽情"的效果。

要做到语调的抑扬顿挫

演讲者在语言表达中,语句的停顿、语速的快慢、音量的大小、声调的高低等因素都会对观众情绪的发展起到一定作用。抑扬顿挫的语调既是一种语言标志，也是一种修辞手法，是为了加强某些特殊效果或应付演讲现场的某些特殊需要而采用的停顿，但这种手法，用得好就可以将听众的情绪调动起来，用得不好，就会使听众觉得演讲者实在是娇柔做作。适当的感情停顿，可以表达演讲者微妙的情感变化，或是还可以使听众的注意力集中，抑扬顿挫手法最常见的就是演讲者讲出上半句，以吊足听众的胃口。

要达到调动听众的积极性的效果

要想做听众情绪的指挥家，首先我们就得调动听众的积极性，只有调动了听众的积极性，才算是一场成功的演讲。希特勒为什么可以上台，而且有那么多的民众为他的事业而去卖命，原因就在于希特勒是一个演讲的高手，他在任何场合都可以最大限度地将民众的积极性调动起来，所以，他在德国有广泛的民众支持他。一个不会善于调动听众积极性的演讲者只能是算一个出口成章的说话者，相信听众什么都不会记住，当然也无法触发听众的神经，听众也就不会喜欢你。调动听众的积极性，说白了就是和听众产生共鸣，甚至于说是为了博得听众的同情，这样才能让自己的言语打动听众，让听众来感受演讲者的感情。

用真诚来打动听众

演讲是要用真情实意来打动听众的心，如果不是用自己的真情实感来与听众融为一体，那么无论你的言辞多么华丽，多么委婉动人，都会使听众觉得你是虚情假意的。

卡耐基曾说过："若一位演讲者带着坚信的口气，真挚诚恳地叙说，那他是不会失败的。"不管一个演讲者是讲政治还是经济，或是自己对某一件事情的心理感受，要让听众觉得你确实有一种不得不告诉他们你的感受的强烈愿望，那么这个演讲者的演讲就会有强烈的感染力，也就会成功。例如在先进人物事迹的演讲报告中，演讲者首先就应该把感染自己的东西拿出来同听众分享，感染听众，打动听众，做听众情绪的指挥家。

当然，要用真情来打动听众，首先演讲者应该将自己的真情实感融进演讲中，如果说连自己对演讲的内容都不感兴趣，那么就更不要指望能打动听众了，反而会让听众对演讲者产生厌恶感。

发自肺腑，方能入耳入心

口才实例：

小方在一家家具店当销售员。一天，当一个顾客进店光顾时，顾客问他店中有没有一种可自由折叠、自由调节高度的桌子。

于是，小方搬来了桌子，如实地向顾客介绍。他说："老实说，这种桌子不怎么好，我们得常常接受退货。""啊！是吗？那我得好好看看，我看它挺实用的。""也许是。不过据我看，这种桌子不见得能升降自如。没错，它款式新，但结构有毛病。"

"结构有毛病？"客人追问了一句。

"是的。它的结构过于精巧，结果反倒不够简便。"

这时，客人反而笑了起来，脸上甚至露出喜悦的神色。

"坦白说，我劝您还是别买这种桌子，您到别家家具店看看，那边的东西要好得多了。"

"好极了!"

客人听完解说十分开心,也出乎意料地表示他想要买下这张桌子,并且要马上取货。

顾客一走,小方就受到了主管的训斥,并被告知他被"炒鱿鱼"了,马上要他到人事部办理离职手续。过了一会儿,小方便动手整理东西,准备回家。这时,突然来了一群人,告诉他要买和刚才一模一样的桌子,并且一下子就买走了几十张桌子,说他们是刚才那位买桌子的客人介绍来的。

就这样店里成交了一笔很大的买卖。这件事也惊动了经理,小方不仅没被辞退,经理还主动提出要与他再续约。

技巧点睛:

人际沟通不仅需要诚意,演讲也是需要诚意的,真诚的人无论何时何地都会受到大众喜欢。同样,作为一个演讲者,如果把自己的演讲仅仅是当做一场表演,而不是将真情实感融进自己的演讲之中,便不能引起听众的共鸣,不能积极地调动起他们的情绪,那么,他就是失败的。作为一个演讲者,就是要讲出自己的真情实感。那么,我们该如何讲出自己的真情实感呢?

贴近生活,现身说法

我们说"理论源于生活",我们与人交谈时,不能光凭"一腔热血"而远离了生活,这样的话讲出来会很空洞,甚至于无法让人明白。例如,一位外国人在听到一位中国学者讲到"雪花大如席"时,无论如何也是无法理解的,当他的中国朋友告诉他这是一种夸张的说法的时候，他还是不能理解。其实，这是一种中外文化的差异，因为他无法理解中国人生活的这个文化氛围，自然就不能理解这句话了。

所以，贴近生活，在演讲中以自己或自己的事情来举例子，这样的效果肯定会比你讲很多别人的例子要好很多。演讲要做到合情合理，演讲者自然就应该多深入生活，多多体验生活。

视对象而决定演讲的基调

有这样一类演讲者，他们受到一部分人的喜爱，但是却受到另一部分人的排斥。这是为什么呢？原因很简单，就是因为这些演讲者不会根据自己的演讲对象而演讲，不分场合时间，演讲都是千篇一律的。那么，自然就不会引起另一部分人的共鸣，也不会博得这部分人的好感，演讲者自然就会被这部分人所排斥了。

演讲高手都善于在演讲场合面对自己的演讲对象而演讲。其实也有点我们所说的"见人说人话，见鬼说鬼话"的意味。这就要求演讲者面对农民，就不要去高谈阔论政治和经济学；面对上流社会就不要去大谈农田事。这也是对一个演讲者最起码的要求。

先抑后扬的手法

写作文的时候常常要用到先抑后扬的手法，演讲的时候同样也可以多用用这样的手法。例如在做任务先进事迹报告演讲的时候，一个"煽情"的高手善于从小处来着手，甚至于有时候会故意把这个人贬低，让听众觉得自己也可以和这样的先进人物来媲美，但是，他们总是能在这些人的平凡事迹中，找到闪光点，来达到先抑后扬的作用。

作为年轻人，在演讲中，我们不妨也用一用这样的手法。这样的手法很容易引起听众的共鸣心理，一下子就可以拉近演讲者与听众的心理距离，进而可以达到自己的演讲目的。当然，这样的手法也一定要用得恰如其分，不要让听众觉得你是在夸夸其谈。

用悬念吊起听众胃口

悬念和问题，往往能引发人们的好奇和思考，好奇是天性，如果能够让听众怀有疑虑，进而主动去思考、探求、认真倾听演讲者的解释，那么就能让演讲事半功倍。在适当的时候制造悬念，能引发人们的兴趣，吊足人们的胃口，然后步步阐释，在适当的时候解开悬念，既能使听众的好奇心得到满足，又能使演讲更加精彩动人。

实战案例：聪明的妻子

某位女副市长给市直机关女同胞作《构建温馨和谐的家庭》演讲中，讲了一位贤惠可爱的小妻子的故事，她是这样叙述的：

"妻子让丈夫去超市买袋盐回家。好抽烟的丈夫，满口答应着匆匆来到了商场，却尽看五花八门的香烟去了。这时，一位年轻的售货员笑盈盈地对他说：'先生，别忘了买袋盐带回家。'丈夫觉得好生奇怪，怎么不叫我买烟，却替卖盐的吆喝生意？不久，又遇到了一位老太太，拍着他的肩膀：'年轻人，别忘了买袋盐带回家。'刚才就已经觉得蹊跷的丈夫，现在终于忍不住问到'您怎么知道我要买盐？'老太太指指他的后背，说：'背上不是贴着纸条吗？'丈夫脱下衣服一看，原来妻子在背上贴了张纸条，上面写着：好心人，请提醒我丈夫买袋盐带回家！"

这个小故事没有什么精彩之处,胜在讲述者善于制造悬念,让听众疑窦丛生:两位素不相识的人怎么知道提醒"丈夫"要买盐?于是心急火燎地要听下去,直到谜底揭开,不禁为妻子的贤惠、可爱而笑。

技巧点拨:

但不能随便运用悬念,更不能够故弄玄虚或悬而不解,否则极容易引起听众的反感,在演讲中怎样适当地制造悬念才能更精彩更吸引人们的注意力呢?

1.开场制造悬念,吊人胃口

陶行知先生曾在武汉大学演讲,他走上讲台,先从箱子里拿出一只大公鸡又从容不迫地掏出一把米放在桌上,开始强按头,强迫公鸡吃米,公鸡却只咯咯叫;他又掰开鸡的嘴,把米硬往鸡嘴里塞,大公鸡拼命挣扎,甚至把米吐出来;最后他松开手,把鸡放在桌子上,公鸡自己就开始吃米了。这幕哑剧让全场鸦雀无声,听众的胃口被吊了起来。这时,他开始了自己的演讲:

"我认为,教育就跟喂鸡一样。先生强迫学生去学习,把知识硬灌给他,他是不情愿学的。即使学也食而不化,过不了多久,他还是会把知识还给先生的。但是如果让他自由地学习,充分发挥他的主观能动性,那效果一定会好得多!"

在开场白中制造悬念,能激发听众的强烈兴趣和好奇心,吸引听众的注意力,起到出奇制胜的效果。

2.叙事中制造成悬念,使故事更精彩

叙事时,如果平铺直叙,而故事又平凡无奇的话,往往使人们感觉厌倦。这时候不妨制造些悬念,使小故事一波三折,才能更加扣人心弦，使听众在好奇中兴致勃勃地听下去。

3.制造悬念，适时解开，使前后呼应，浑然一体

制造悬念，如果悬而不解或者故弄玄虚，听众就会有被"耍"了一番的感觉，非常反感，在开场和结尾分别制造和解开悬念，可以使听众整场都保持认真的倾听和思考，也能使前后内容互相照应，并且使结构浑然一体，演讲自然会更精彩。

在某次《读书与质疑》的讲座上，学生不感兴趣，秩序混乱。老师转身在黑板上写了一首名诗："月黑雁飞高，单于夜遁逃。欲将轻骑逐，大雪满弓刀"。然后说"这是一首有名的唐诗，广为流传，大家都说写得好，我却认为它有点问题。问题在哪里呢？等会儿我们再谈。现在我要讲的题目是《读书与质疑》……"，到演讲即将结束时，老师指着黑板，说："这首诗问题在哪里呢？不合常理。既是月黑之夜，怎么看得见雁飞？既是严寒季节，北方哪有大雁……"这样首尾呼应，不仅加深了学生的印象，又使演讲回味无穷。

口才点睛：

其实，所谓悬念，不过是找个引子让对方感兴趣，所以多说一些能让人回味的话也能起到同样的效果。对方要想搞懂你言语其中的真意，就必须和你继续谈下去。这其实就是回味的话语的魅力所在。因此，与人交谈时，要想让对方对你产生兴趣，就要多说一些可以让对方回味的话。

精彩一语赢得满堂彩

现在，长篇大论，沉默无聊或者笑料百出，细想全是废话、空话的演讲比比皆是。如果不能脱离俗套的演讲方式，就只能让自己的精彩演说沉入全民演讲的大海，激不起一朵浪花，彻底变成一个笑话。与其如此，不如精心布局，把自己的意思浓缩成一句话的精华，浓缩成一颗沉甸甸的石子，在听众心中激起层层浪，同样会给听众留下深刻的印象。

实战案例：莱特兄弟的演讲

飞机的发明家莱特兄弟，不善交际，很讨厌演讲。在某次盛宴上，主持者邀请大莱特发表演说，大莱特为难地说"一定是弄错了吧，演说是由舍弟负责的。"小莱特则站起来顺水推舟道"谢谢诸位，家兄刚才已经演说过了。"经过人们的再三邀请，小莱特只说了一句话"据我所知，鸟类中会说话的只有鹦鹉，而鹦鹉是飞不高的。"小莱特博得了人们热烈的掌声。

从自己的不善言说，联想到鹦鹉，再联想到飞不高的鹦鹉和自己事业的冲突，可谓精彩全在这一句当中。

技巧点拨：

下面就讲几个一句话演讲的例子，让朋友们借鉴：

1. 引申，以小引大

第一位登上月球的宇航员阿姆斯特朗的"登月演说"只有一句话："对一个人来说，这是一小步，但对整个人类来说，这是跨了一大步！"从微小的行为，引申出深刻的影响和意义，是其最精彩之处。

2.借前一位演说者的话

如果前一位演讲者已经进行了长篇大论,不妨借借对方的行为,不再多言。

马克·吐温曾在一次前一位演讲者20分钟的演讲后,面有难色地告诉听众"诸位,会前我和琼西·M·得彪老师交换了演讲稿,诸位方才听到的是我的演讲,衷心感激诸位仔细地谛听及热情地恭维,但是,我找不到对方的演讲稿,无法替他讲了,请诸位包涵让我坐下。"

林语堂也在某次前一位演讲者令人昏昏欲睡的长时间演说后,道"绅士的演说应该像女人穿的迷你裙,越短越好",然后鞠躬下台,赢得了热烈的掌声。

3.即景演说

我国著名学者马寅初先生,曾经参与中文系郭良夫老师的结婚典礼。并应邀演讲,马寅初先生关键时刻灵机一动,来了个一句话演讲:

根据新郎大名,想请新娘放心,新郎一定是位好丈夫。起初人们莫名其妙,后来一联系新郎大名,才恍然大悟:良夫,不就是善良美好的丈夫吗?于是大家都开怀地畅笑起来。

应时应景的一句话演说,往往是妙语天成,经常有意料之外的好效果,我们应灵活应变。

4.一语中的

演说只讲主题,一语中的不啰唆。

我国著名新闻记者、政治家邹韬奋先生曾在祭奠鲁迅先生大会上发表了一句话演讲:愿用一句话来纪念先生:许多人是不战而屈,鲁迅先生是战而不屈。巧妙地采用了鲜明的对比,抓住了鲁迅精神的精髓。

口才点睛：

一句话演讲，用语要简洁，而玄妙是指其中要暗藏玄机，让人回味无穷。凝练而又玄妙的语言可以使你的话简洁而不简单。在生活中，你会发现有些人只说了一句简单的话，却意味无穷；有些人说了半天的话却句句是废话。其中的奥妙之处就在于用语的凝练与玄妙。

第08章

情景七：话术谈判，让双赢无处不在

言语直击内心，怦然心动

在这个商业社会的信息时代，人们时时刻刻都面临着形形色色的谈判。谈判，打的就是一场心理战。等到真正谈判开始后，就进入了心理角力战，临场反应很重要，我们要想顺利达到自己的目标，就得掌握奥妙的人性心理，并通过语言成功操纵对方的心理。这里，如果我们能把话说到对方的需求点上，那么对方便会自发认同我们。

心理点拨：

我们需要从下面三个方面来述说这个需求点：

1.把痛苦说透

心理学家卡尼曼和特沃斯基发现，损失给人带来的心理冲击是同样数额的获利给人带来的心理冲击的2.5倍。怪不得人们要在本应削减损失的时候却仍然苦苦坚持。

研究表明，如果购买的股票价格迅速上升，人们往往很快将其出手，锁定利润。然后，他们就可以向朋友吹嘘自己的判断力如何准确。然而，如果股票价格大跌，人们则趋向于继续持有股票，等待价格回升。结果，投资者往往卖出了应该继续持有的股票，而保留了应该出手的。

这就是人们害怕损失的心理在作怪。从这一现象中，我们可以获取一项谈判经验，那就是将对方不达成协议的痛苦说透。

比如，当我们走在沙漠的时候，如果水用完了，太阳非常毒辣，你的嘴巴快要冒烟了，这个时候有人过来卖水，哪怕矿泉水是一千元一瓶，我们也会花钱买下，这个时候，那不仅仅是一瓶水，而且还是救命的东西，它的价值远远超过一千元一瓶。

再比如，谈判的内容通常牵连甚广，不是单纯的一项或两项。在有些大型的谈判中，最高纪录的议题便多达70项。当谈判内容包含多项主题时，可能有某些项目已谈出结果，而某些项目却始终无法达成协议。这时候，你可以反面"鼓励"对方："看，许多问题都已解决，现在就剩这些了。如果不一并解决的话，那不就太可惜了吗？"。这就是一种用来打开谈判僵局的说法，它看起来虽稀松平常，实则能发挥莫大的效用，所以值得作为谈判的利器广泛使用。

2.把快乐说够

比如，客户要购买一批产品，但总是在利益上不愿意让步。那么，其实我们应抛开利益点，把对方购买产品后的利益说透，让对方感觉物有所值。因为双方的利益是既定的，那么我们就要做好分配工作。让对方在最少的利益点上获得最高的快乐情绪体验。这就好似一张饼，你得到的多我就得到的少，你少我就多。我们就是要让对方心甘情愿地让我们得到更多，此时，我们可以把对方注意力转到其他地方，让其乐不可支，从而为我们拿到更多的饼提供契机。

3.适当让步

是否知道何时该退出交易，显示了交易者是聪明还是愚蠢。喜剧演员菲尔兹说得好:"如果开头失利,还需继续努力;如果还不成功,就放弃,没必要在一棵树上吊死。"然而,很多谈判者往往会忘记菲尔兹的建议,顽固地坚持到底,这样做的后果无非是失去谈判的机会,损失利益。

当然,我们在做让步前,要做好"坚持"工作,并对对方说:"恐怕我做出的让步,会让我的领导大发雷霆。"这样,会让对方觉得你做出让步是个艰难的决定,他也会觉得自己占了很大的便宜。

总之,我们在谈判的时候,一定要抓住对方心理,也可以概括成:追求快乐,逃避痛苦。这是人的本性。抓住这一心理说话,我们要做的工作也就只有一个:把好处说够,把痛苦说透,帮对方建立一种意愿,从而让其在心里认同我们,那我们的谈判工作离成功也就不远了。

示弱,令对方放松警惕

同情弱者是人性天生的弱点,再铁石心肠的人,内心也有颗同情的种子。现代社会,无处不存在谈判。谈判过程中,我们也可以抓住人们这一共性心理,在言语上适当示弱,在对方放松警惕时,再提出我们的要求,从而完成谈判目的也就容易得多。

当然,现代社会,与人谈判并不是说凡事都要摆出一副可怜兮兮的样子,甚至要流下几滴泪。而是说,当我们谈判时,应该调动听者的同情心,使对方首先从感情上与你靠近,产生共鸣。这就为你问题的解决与事情的办成打下了基础。人心都是肉长的，只要我们能适度示弱，对方都会动心。

那么，谈判中，我们该怎样用语言示弱，从而获取对方的同情心呢？

1.扬人之长，揭己所短

这一心理策略的目的是使交易重心不偏不倚，或使对方获得一种心理上的满足，从而达到目的。

同样，在谈判中，如果我们死守自己的立场，不肯示弱的话，估计迎来的不是谈判的僵局就是以失败告终。

2.硬话软说，不卑不亢

其实，在这里，我们所说的示弱并不是真的在示弱，也并不是非要以眼泪去搏得对方的同情，这只不过是一种说话的技巧，以达到你的谈判目的。在生活中，我们常常会听老人们这样说："软刀子更扎人！"也就是说，我们在谈判过程中，要硬话软说，同时，我们的态度要不卑不亢。

总之，在谈判中，我们说话不可太强硬，要想让谈判结果朝着我们希望的方向发展，就需要学会适当示弱，激发起对方的同情心，令其放松警惕的心理，此时，我们就掌握了谈判中的主动权，谈判自然会水到渠成！

用刚强之词使对方屈服

我们深知,谈判过程中有一项重要的心理策略,那就是以情动人,也即怀柔政策——谈判者可以用温柔的情意去化解对方冰冷的心,用甜蜜的语言去消解对方的怒气。而实际上,还存在与之相对的一种心理策略——高压政策,也就是要求我们在谈判的时候,说些"硬"话,给对手施加心理压力,从而影响谈判对手的心理状态和立场观点。

那么,在谈判桌上,我们在说话的时候,该怎样运用高压政策,并把话说"硬"呢?以下是一些相关的原则规范:

(1)削弱对方的原则。要达到这个目的就必须操纵对方,使己方改劣势为优势。

(2)经常抵抗或反对对方的原则。也就是在不使谈判破裂的情况之下,通过对对方吹毛求疵或反对对方的意见,给对方以压力,迫使对方降低期望,以达到使对方让步的目的。

客户:"请问我买的房子,大概什么时候可以收楼呀?"

销售员:"一般情况下,是签完合同,收到首期房款三个月之后。"

客户:"要这么长时间呀,一个月时间行不行呢?"

销售员:"如果要求一个月就收楼的话,装修人员就要赶工。您也知道慢工出细活,赶工的时候,容易忙中出错,最后影响您房子的装修质量,那就划不来了。"

客户:"噢,是这样呀。那就按正常时间收楼吧。"

案例中的销售员运用的计策就是让客户晓以利害,给对方施加心理压力,在权衡之下,客户接受销售员提出的"不",并同意按时收楼。

（3）创造一种竞争的姿态。比如："这种订单我们已经接到好几份了，他们都希望得到我们的合作。"这种货比三家通常就是买方向卖方施加压力的有力措施。这样就能抓住对方的害怕心理而达到自己的目的

总之，一名谈判高手，尤其在快达成协议时，不应该一味地去迁就对方，使自己处于一种心理上的弱势地位。而应适时说些"硬"话，使对手心弱屈服，从而控制局面，以让局面对自己有利。

用迂回言语攻破对方防线

无论是商业还是政治或者是其他活动，都离不开谈判，通过谈判而达成一致意见，签订协议并通过认真履行使双方获益。而谈判行为是一项很复杂的交际行为，它伴随着谈判者的言语行动、行为互动和心理互动等多方面、多维度的的错综交往。谈判过程中，能否成功识别出对方的现实动机和长远目的、对方派出人员的权限乃至其心理状态、个性特征等等，在很大程度上影响着谈判的成败与否。

美国谈判学会主席、谈判专家尼尔伦伯格说，谈判是一个"合作的利已主义"的过程。寻求合作的结果时双方必须按一个互相能接受的规则行事，这就要求谈判者应以一个真实身份出现在谈判行为的第一个环节中，以赢得对方的依赖，继以把谈判活动完成下去。但是由于谈判行为本身所具有的利已性、复杂性，加之游戏能允许的手段性，谈判者又很可能以假身份掩护自己、迷惑对手，取得胜利，这就使得本来很复杂

的行为变得更加真真假假，真假相参，难以识别。同时，谈判中，对方说的每一句话对于我们来说，都可能是一个"套儿"。从这个角度看，我们只有从对方心理出发，在陷阱面前懂得迂回说话，才能操纵对方心理，并反败为胜，取得谈判的主动权。

可见，我们在谈判中处于劣势时，要沉着镇静，根据不同的情况构思不同的反击策略，在说话时不要撞在对方的枪口上，而应该用迂回的语言，保护自己的利益，取得谈判的胜利。

一场谈判如同一次战斗，要了解那么多的材料，并进行综合、分析、推理、决策，大家都没长前后眼，不能未卜先知，我们一不小心就会陷入对方设定的陷阱中，为此，掌握对方心理，巧妙反击就很重要。

一般来说，如果我们了解到了对方的优势或者心计后，就要避其锋芒，当对方发现自己的优势没有起到作用后，就会显得焦急，此时，谈判的主动权就会立刻转交到我们手里。那么，我们该怎样说话才能让对方产生焦急的心理呢？

1.拖延术

谈判结束的时间被称为"死线"，在一般情况下，谈判者都要保密自己的最后期限和"死线"，因此在谈判中，往往会出现这种情况，双方都希望摸到对方在谈判中的"死线"，以争取主动；与此同时，都对"死线"进行严格保密。

在针对谈判的"死线"的时候，谈判者常常采用欲擒故纵的拖延技巧，但在运用这种技巧的时候，要注意以下几点：

①每一次"拖延"不能拖死对方，要给对方一个回旋的余地。例如，在改变与对方的谈判日程时可说，"因为还有别的重要会要开。"

在神秘中仍给对方一个延后的机会，待到对方等到这个机会时，会增加一种珍惜感。

②在拖延的时候，要注意考虑自己手中一定要有几个有利的条件以重新把对方吸引回来，不能使自己的地位僵化，否则，一"拖"即逝，无力再拉回对方。

③在采取拖延技巧的时候，一定要注意自己的语言，说话要委婉，避免从情感上伤害对方从而造成矛盾焦点的转移。

2.补救术

这种说话策略是用来补救我们已经陷入对方陷阱的措施。比如对方诱导你承认了他们的报价，你失口承诺认可了对方的报价，如果发觉得及时，可马上纠正——"当然，这个价格尚未计入关税税额"，如果发觉得较迟，你可通过助手补充纠正，"请注意，刚才张先生所允诺的价格，是以去年底的不变价计算的，因此，还需要把今年头八月的涨价比率加上去。"当对方听到你已经巧妙绕开了陷阱后，会立即乱了方寸，这时便是我们展开进攻的时机了。

总之，谈判是富有竞争性的合作，虽然不是战争，不是你死我活，你输我赢，但是谈判也决不是找朋友，推心置腹，谈判虽然遵循互利互惠的原则，但双方的利益结果很难对等。在这种双方都希望争取最大的利益的心理游戏中，就允许双方施展谋略，寻获更多利益，这是规则。在谈判中声东击西，迂回地说话也是一种自我保护、扰乱对方方寸的心理战术，更是谈判高手惯用的技巧！

虚张声势，顺水推舟

生活中，谈判无处不在。谈判不是那些外表风光的外交官的专利，它一直都是人们日常生活中不可或缺的组成部分。谈判是我们获得权力和利益的重要手段。谈判中，最重要的莫过于取得谈判的主动权，而要做到这一点，我们就需要掌握对手的心理。通常情况下，人们在没有心理退路的情况下，都会退而求其次，接受人们的建议。古语有云："不到黄河心不死"就是这个意思。从这一点看，我们在与对手交涉的过程中，就可以虚张声势，适时把话说绝，让对手觉得无路可退，从而令其就范。

心理点拨：

谈判过程中，只要我们抓住对方的心理，根据对方不同的利益需求，适时说出让对方毫无对策的话，我们势必会掌握谈判的主动权。具体来说，我们可以根据对方不同的心理，说出不同对策的话：

1.下最后通牒

所谓最后通牒策略，是指当谈判双方因某些问题纠缠不休时，其中处于有利地位的一方向对方提出最后交易条件，要么对方接受本方交易条件，要么本方退出谈判，以此迫使对方让步的谈判策略。当然，高明的谈判者要想成功地运用这一谈判技巧，必须具备两个方面的条件：

①最后通牒必须使对方无法反击。如果对手能够进行有力的反击，就不能称其为最后通牒。作为一个成功的谈判者，必须有理由确信对方会按照自己预期的结果那样去做。

②最后通牒必须使对方无法拒绝。在对手走投无路的前提下，想抽身但又为时已晚的时候，你可以发出最后通牒，因为对手已耗费了许多的时间、金钱和精力，他已经没有选择的余地了。

第 09 章

情景八：口吐莲花，用语言艺术留住新老客户

巧妙表达让顾客回心转意

作为销售人员，不管你销售的是什么产品，都难免会遭到顾客的否定。当顾客突然间心意改变，不想购买产品时，他们总是找出各种各样的托词，诸如："今天不买了，改天再说吧。""我再看看。""等你们有促销活动的时候再买吧！""别说了，降到我的价位我就买。"……这些或者强势或者推脱的话，总是让我们不知所以。面对这样的客户，如何表达才能扭转局势，力挽狂澜呢？很多情况下，顾客之所以改变心意，拒绝购买，都是有原因的。在这种情况下，只有小心应对，才有可能让顾客回心转意。

作为汽车推销员，皮特的业绩在整个店里都是最好的。很多生意在其他推销员手里总是难以成交，但一旦让皮特进行引导销售，总是能够轻而易举地取得成功。这不，小马刚刚因为一个顾客总是推脱不愿意购买，便把这个顾客介绍给皮特接待了。

果然，在皮特费心费力地一番介绍之后，这个顾客依然说："等到你们有促销活动的时候我再购买吧！"皮特耐心地问："您为什么非要等到促销的时候买呢？"顾客笑着说："这还用问吗，至少能省几千块钱吧！抵得上我一个月的工资了！"皮特恍然大悟，说："那我可以肯定地告诉您,不用等了。有史以来,这款车促销顶多降价三千。如果您今天购买,我就向经理申请给您优惠。既然都是花同样的钱买车,我想您一定愿意提前享受吧!"顾客显然还有些犹豫:"会不会等到促销的时候不止优惠三千呢?"皮特斩钉截铁地说:"这个您放心。这个牌子的车我卖了好几年了,促销力度从未有超过三千的。有的时候,顶多送点儿千把块钱的礼品。如果您信不过我,到时候促销的时候只赠送礼品的话,可远远不如现在的三千优惠更合适呢!退一万步说,到时候优惠了三千五,那么这五百块钱值得您再等待好几个月吗?早点拿车,全家人都可以早点享受有车族的便利啊!"

顾客显然被皮特的话打动了,说:"要不这样吧,你再申请送我个地垫,我也就不惦记促销的时候优惠多少了。"皮特当然不会当即答应,在装模作样地找经理申请之后,这笔交易顺利达成了,顾客还喜滋滋的感觉自己赚了很大的便宜呢!看到这个皆大欢喜的结局,同事对皮特佩服得五体投地。

之前的同事之所以一直没能说服这个客户,就是因为在客户再三推脱的情况下,他没有了解客户推迟购买的真正原因。而皮特在了解真正原因后,马上斩钉截铁地给客户吃了定心丸,保证客户短期内不会买贵,而且还告诉客户等到促销时有可能力度还没有现在大,因而客户才下定决心购买。这样的话术正中客户心意,打消了客户疑虑,因而效果显著。

曾经有个人卖草莓,有顾客看过草莓之后表示很满意,但是要等到过几天再买,卖草莓的人当即说:"过几天就没有了。"结果,顾客毫不搭理地走了。显而易见,这样的回答未免带着威胁的意味。其实,完全可以换一种委婉地说法："这是头茬草莓，味道是最好的。等过几天，就不是头茬草莓了。您是行家，当然不能错过头茬的啦！"如此说话，不但介绍了草莓的品质，也适当地恭维了顾客，成功的概率就高了很多。作为销售，一定要知道在遭到拒绝时如何让顾客回心转意，这样才能百战不殆。

聊天点睛：

所谓嫌货才是买货人。当顾客对你的产品挑三拣四，或者看了一通之后又改变主意不买时，一定要了解顾客心中的真实想法和不买的原因。有针对性地解决问题，才能提高效率，提升成功率。在你成功地扭转局势，让顾客回心转意时，你一定会信心大增，对于整个职业生涯的发展都有很大的好处。

不同脾气，区别对待

每个人的脾气秉性都是不同的，同样的道理，在从事销售工作中，我们所面对的顾客也是性格各异的。这就要求我们在面对不同顾客时，千万不要墨守成规，总是以相同的办法与策略对待不同的顾客。否则，你不但会遭遇失败，甚至有可能弄巧成拙。

有些销售仗着自己口才好，不管接待怎样的顾客，都无一例外地滔滔不绝，口若悬河。其实，这么做是不合理的。有些顾客性格外向，喜欢与人聊天，你说个不停自然没问题。但是，有些顾客性格内向，而且心里很有主见，根本不喜欢被别人牵着鼻子走。在这种情况下，你的滔

第 09 章
情景八：口吐莲花，用语言艺术留住新老客户

滔不绝就是聒噪。对于这样的顾客，最好把主动权交给他们，等到他们精心选择之后，你只需要做好辅助工作即可。由此可见，所谓好口才，并非是见到所有人都口若悬河，而是应该根据不同的人，调整自己的说话思路，做到恰到好处。

作为一名房地产经纪人员，一直以来，青青在带客户看房时都滔滔不绝，口若悬河。她始终认为，自己应该作为引导者，引导客户找到最适合他们的房子。的确，青青口若悬河的效果不错，她带过的客户成交率都很高。

这一天，青青又接待了一名客户。这名客户大概三十七八岁的年纪，看起来非常沉默，而且眼光忧郁，似乎从来不相信他人的样子。青青敏感地意识到这个客户与众不同，因而收敛自己，再也不滔滔不绝地介绍小区啊，房子啊，而是让客户自己安静地看。直到客户把小区转了个遍，把符合他要求的房子也看了个遍，青青才问客户有何想法。客户只简单一句话就把青青打发了："我再考虑一下。"第二天，第三天……青青都没有给客户打电话，而是等着客户主动联系她。虽然等待的时间是难熬的，但是第六天时，客户终于给青青来电话了，点名要把上次看过的房子中的两套，再看一遍。就这样，青青再次带着客户认真细致地看房。看完房之后，客户直截了当地对青青说："帮我约第二套房子的业主吧，我想与他见面谈谈。"就这样，在谈得很顺利的情况下，青青成功地签约，帮助客户买到了合适的房子。谈起这次带客户的经历，青青总是感慨地说："幸亏我管住了自己的嘴巴，不然肯定会把这个客户吓跑的。"

作为一名销售人员，青青有着敏锐的觉察力。在意识到这名客户与

众不同的沉默之后，青青再也没有肆无忌惮地大说特说，而是耐心地等着客户自己了解小区，观察房子，直到客户主动要求把其中两套房再看一遍，青青才稍微掌握了些主动权。接下来，青青继续三缄其口，等待客户自己做出决定，而她则只负责配合客户，满足客户的心愿。这样的策略性改变，让青青成功地适应了客户，没有招致客户反感。

销售行业就是如此，因为面对的客户是千变万化的，各个方面的情况都极大不同，因而必须非常耐心细致，针对客户的具体情况作出及时调整和完善。唯有如此，我们才能把握客户心理，找到最适合的交流方式。

聊天点睛：

任何好口才，都不可能适应所有的场合和对象。唯有认真细致地观察，了解交谈对象的具体情况，及时调整方案，才能更加有的放矢，让自己的口才发挥得恰到好处。否则，因为交谈对象的脾气秉性不同，一视同仁，反而会导致事态的发展超出预期，甚至弄巧成拙。

售后服务应一以贯之

日常工作中，我们经常会提到"售后服务"这一词汇，何为售后服务呢？售后服务，就是在商品出售以后为顾客所提供的各种服务活动。当然，对于我们工作来说，售后服务本身就是一种促销手段。现代社会，市场竞争异常激烈，随着消费者维权意识的提高和消费观念的变化，顾客在选购产品的时候，不仅会注意到商品本身的价值，而且，在

第09章
情景八：口吐莲花，用语言艺术留住新老客户

同类商品的质量和性能相似的情况下，他们更加注重商品的售后服务。

通常情况下，售后服务主要包括这样一些内容：代为顾客安装、调试产品；根据顾客的要求，进行有关使用等方面的技术指导；保证维修零配件的供应；负责维修服务；对商品实行"三包"，即包修、包换、包退；处理顾客的来信来访，解答顾客的咨询。虽然这些服务内容显得比较零碎、杂乱，但这却是打动顾客的有效途径之一。现在，越来越多的顾客主要看重售后服务这一块，如果你能为顾客提供使之感动的售后服务，那么你就一定能真正地走进顾客的心里。

有一天，一位顾客来到一家电商场打听电视挂架装卸需要多少钱。原来，这位顾客在一年前买了一台32寸的TCL电视，现在房子卖了需要把电视挂架卸下来，再安装到新家，而最近就等着挂架卸下来之后，就可以将钥匙交给买主了。为此，这位顾客十分着急。

他正在跟身边的人闲聊的时候，这事被前来办事的售后人员小军听到了，小军主动说："不用花钱，我去给一位顾客安装电视，回来之后，我就去给你卸下来。"于是，小军要了顾客的电话号码，等忙完了工作后，利用自己的休息时间，第一时间上门给顾客卸下了挂架，又帮忙给他安装到新家。如此的贴心服务令顾客十分感动，他对小军说："小伙子，多少钱你说了算，我们一起吃了饭再走吧，你可是帮了我的大忙啊。"小军只是笑着说："这只是我力所能及的事情，以后电视出了什么问题，尽管打电话给我，我随叫随到。"说着，婉言谢绝了顾客的钱和宴请。

后来，小军经常在商场碰到这位顾客，原来，他是介绍其他亲朋好友来购买电视来了。

每当我们帮了顾客的忙，顾客就会感觉到自己应该替我们做点什么，这样一个过程增进了我们与顾客之间的关系。这样就有了做下一次生意的可能。而且，由于对我们产品的认可，顾客会介绍一些人来购买产品。事实证明，顾客介绍的潜在顾客比全新顾客更有利，因为它的成功率是全新顾客的15倍。对于一个优秀的销售人员来说，我们应该给顾客最优质的售后服务，以打动对方的心，赢得他的好感，如此，我们不仅能培养老顾客，还能不断地开发新的客户。

那么，我们在进行售后服务的时候，应该注意哪些问题呢？

1.向顾客致谢

我们可以告诉顾客，什么地方旅游不错，可以提供给顾客；什么地方有好电影看，如果自己有票，会在什么时候给他快递过去，等等。通过许多小事让顾客觉得你时时刻刻在关心着他，他一定会被打动。与此同时，你也会收到许多的回馈。所以，当我们外出旅游的时候，别忘了带一些小礼品给自己的顾客，这样可以增加我们与顾客之间的信赖度。

2.耐心倾听

顾客在购买我们商品的时候，都会有不满意的时候，因此，他们常常会打电话给我们抱怨。其实，无论是顾客打电话还是当面跟我们说，我们需要记住，不要争辩，而是耐心地倾听，多听顾客的话，再适时表达自己的观点。

3.适时认错

在与顾客沟通的时候，请记住：不要和你的顾客发脾气。我们要学会控制情绪，如果顾客生气了，我们一定要耐心接受，不要做过多的辩解，因为尊重顾客是一个称职的工作人员所必备的素质。哪怕你明知道是顾客误会了你，也要懂得适时认错，等到顾客的怒气消了，那你对顾客的不满也就消失了。

密钥：

优质的售后服务会令顾客感动，同时，他会认可你所销售的产品，认可你这个人。因此，我们在向顾客销售物美价廉的商品的同时，有必要向顾客提供完善的售后服务，令其感动，打动顾客的心，以此增加与顾客的亲密度，达到提高自己销售业绩的目的。

有效沟通，询问客户的真正需求

在营销过程中，我们不仅需要多介绍我们产品的优势，同时更重要的是要善于提问，问出顾客真正的需求，才好"对症下药"，成功销售产品。俗话说："到什么山唱什么歌，见什么人说什么话。"我们在提问时要考虑对方的年龄、身份、文化素养、性格特征等。因为提问对象，有的热情爽快，有的性格内向，有的大大咧咧，有的审慎多疑，性格不同，气质迥异。假如不顾这些特点，仅用一个腔调，一种方式提问，就会碰壁。

王小姐在商场门口被某知名电子词典柜台的导购小姐拦住，这名导购小姐随后开始了自己的"演说"："我们电子词典的质量……这款电子词典的屏幕是多么先进……采用什么样的技术……它的词汇量……它的设计做工……售后服务……"差不多整整演讲了五分钟，在王小姐想说话的时候，导购小姐不容分说，把背好的产品知识又给她演讲了一遍，简直是唾沫横飞。

王小姐最后说："我不需要。"导购小姐惊讶地说："这么好的产品，您怎么不需要呢？"眼看王小姐仍在拒绝，导购小姐不死心："您有小孩吧，给小孩子买个也是很不错的。"王小姐有些生气地说："我还没孩子呢！"导购小姐最后来了一句："那您给朋友的小孩买一个吧。"王小姐转身后，头也不回地走了。

这样的销售提问方式，即便顾客想购买产品也会产生反感。在这里，需要提醒各位营销人员：在没有足够了解顾客需求之前，先不要忙着推销自己的产品。

王先生购买的产品出现了问题，营销人员给他换货之后，王先生仍然不满意，要求公司赔偿他的损失。这时，假如营销人员这样说："等公司的决定下来，我会把补偿直接打到您的账户上。"王先生肯定会觉得这是在推卸责任。于是，这位营销人员说了软话："您先消消气，喝点水，我一定能够帮您处理好的，请您高抬贵手，好吗？"实际上，在这时候说点软话反而会起到相反的作用。

聪明的小张是这样处理的，他先问王先生："您以前在工作中也会出错吧？"王先生一愣："是的。"小张问："那您出错的时候，你们领导怎么对待您呢？"王先生回答说："领导会先批评我一顿，然后让我下次好好去做。"小张问："我知道现在犯错的是我，您怎么做都不为过，但咱们能不能找个合情合理的方法来解决这个问题呢？"果然，这话一说，顾客再也没有说什么了，只能同意。

在营销对话中，为什么你总是感觉被动？原因通常是你总是在说，而你的客户总是在问。有很多的营销人员被培训要时刻迎合客户的需求，而不是引导客户的需求，现象就是客户一个劲儿地在问，弄的营销人员疲于应付，狼狈不堪。营销人员们虽然累，但内心却非常开心。他们以为客户的问题都老实回答了，结果自然水到渠成。他们想得太简单了，客户一直在提问，实际上是一直在探你的底牌，而你不知道客户真正关心的是什么，主要的问题在哪里，只会被客户牵着鼻子走。

1.测试对方的回应

当你非常用心地向客户解释一番之后，你十分希望了解客户听进去了多少，听懂了多少，他的反应如何？一般的营销人员通常滔滔不绝一大堆之后，就用句号结尾，马上停止，没有下文。这个时候客户的表现通常是"好，我知道了，改天再聊吧"或"我考虑一下再说"等。如果你在论述完之后，紧接着提问"您觉得怎么样呢？"或"关于这一点，您考虑清楚了吗"？效果会好很多，客户至少不会冷冰冰地拒绝你，因为你提供给了客户阐述他的想法的机会。

2.掌控对话的进程

对话的进程决定了营销的走向，通常情况下，在以客户为中心的顾问式营销循环中，包含着两个相辅相成的循环，分别是客户的心理决策循环与营销员的销售行为循环。在每个阶段，提问都推动着营销对话的进程。

在谈判成交的阶段，提问的作用在于处理异议和为成交做铺垫，处理异议的部分见下，成交阶段通常用假设性的提问方式试探，例如"如果没有其他问题的话，您看什么时候可以接受我们的服务呢？"

3.处理异议

为什么会产生异议，一方面源于人类本身具有的好奇心；另一方面由于你没有说清楚，客户没有完全听明白。从好奇心角度来说，假如你碰到一个"打破砂锅问到底"的客户，那你可要注意了。如果我们不善于提问，只会一味地说，将会一直处于被动的地位。当客户提出一个问题，你可以尝试反问他："您这个问题提得很好，为什么这样说呢？"这样你就可以"反守为攻"，处于主动地位。

当客户没有完全听明白的时候，他通常表现为沉默不语、迟疑不决或逃避、假装听明白了等。这时候对方会以"不需要""考虑看看""把资料留下来，以后再说"为借口而拒绝。这个时候，你提问的关键是探询客户了解的程度。例如："对于这一点，您的看法如何呢？"或"那没关系，您为什么这样说呢？"，多问几个"为什么"，然后在最棘手理解的环节利用渗透性提问，如"还有呢"等，以获取更多信息。

密钥：

你一直在说，没有问，给客户的感觉是你在对他进行强迫式推销，一味地向他施加压力。客户之所以愿意和你谈话，是期望你可以在你所擅长的专业方面给出建议。就像医生一样，对现状进行诊断，而诊断的最好方式就是有策略地提问。

不要用生硬语气拒绝客户

很多从事推销工作的朋友，之所以销售业绩不够好，并非因为专业知识不过关，也不是因为销售能力不够强，而仅仅是因为语言没有过关。每当客户问起我们一些额外的问题时，或者是对产品的质量、性能甚至是价格提出异议的时候，我们之中的很多人都会摆出一副我早就已经把你该知道的都告诉了你，不要再来烦我了的架势。其实，嫌弃苹果不好的人才是真正买苹果的人，对你提出更多具体而又琐碎的要求的人，才是真正想要与你达成交易、实现合作的人。因而对于客户额外的要求，聪明的销售员从不直截了当地拒绝，诸如生硬地说出"不可能""没办法""不可以"等话，导致客户原本一心想要达成交易，就因为这几句简短的没有人情味的话，最终不得不蔫头耷脑地放弃交易，继续辛苦地寻找下一个能够热心地为他答疑解惑和帮助他解决问题的销售员。

  从某种意义上来说，销售员销售的不是产品，也不是公司，而是自己。作为销售员，也许我们每天都要服务很多客户，也许每个客户提出的问题都相差无几，我们不得不一遍又一遍地回答，也许还会遇到较真儿的客户提出很多难以解释的问题，因而我们难免心情烦躁不安，觉得工作枯燥乏味。每当这时，请设身处地地站在客户的角度想一想，如果你推销的是小件的商品还好，客户可能不会那么认真，但是如果你销售的是大件的商品，诸如汽车、房产，那么客户不停地纠结犹豫，不停地问自己是否该购买，或者商品是否值得他购买，那就完全情有可原。当然，从销售工作的角度而言，不管这个商品是大件还是小件，作为销售员都有义务帮助客户答疑解惑，也应该竭尽所能地解决客户提出的一些问题。总而言之，一位合格的销售员，从来不会不由分说地就生硬拒绝客户的任何要求。当我们真正把客户当成上帝，真正站在客户的立场上思考问题时，我们的服务就会整体提升很大的一个档次。

作为一家银行的客户经理,马月常常需要在大堂值班。有一次,他正和平日里一样在大堂里巡视呢,突然有位客户气喘吁吁地从外面跑进来,直接冲到马月面前,问:"您好,同志,我赶飞机,能不能让我不要排队,提前办理下重要的业务呢?"看着客户焦急万分的脸,马月知道客户的确是遇到了现实的困难,然而,当时银行里有很多人在等候,而且有些人已经排队排了很久了,如果公然插队,必然会引起民愤。要知道,大家的时间都很宝贵,每个人都赶时间,即便是过号了都需要重新取号,更何况是直接插队呢!

为此,马月几乎想要不假思索地说出"不行"二字,但是看着客户满脸的着急,他经过慎重思考,最终决定帮助客户解决难题。他带着客户询问正在等候区的每一位客户,告诉他们这位客户的实际困难,最终得到了所有人的同意,因而他才允许客户插队办理业务。看到马月真诚地为客户着想,等待的人们也都非常感动,纷纷夸赞银行的管理很人性化。因为每一个明智的人都知道,今天马月能够竭尽全力帮助这位心急如焚的客户,明天就有可能会帮助同样着急的他们。

作为大堂经理,马月的确需要处理很多突发的情况,也要帮助客户答疑解惑,解决难题。他如果直截了当就拒绝客户的要求,那么客户必然非常无奈。幸好马月没有拒绝客户,而是在征得所有等待办理业务的客户的同意后,成功地帮助这位焦急的客户解决了难题。

现代社会,有很多朋友都是从事服务行业或者销售行业的。当然,服务行业和销售行业内部又细分为很多不同的岗位。不过要想更好地服务于客户,有一条原则是共通的,那就是不要直截了当地拒绝客户,而要充分了解客户的需求,竭尽所能地帮助客户解决问题,这样才能得到客户的认可和尊重，也得到客户的信赖。那么，在面对客户提出的很多不情之请时，我们如何才能做到不盲目拒绝呢？首先，我们应该充分了解客户的需求，唯有如此，我们才能更加准确地衡量自己是否能够切实帮助到客户，也避免了一下子让满心热切的客户突然陷入绝望之中。其次，我们每个人都承担着不同的责任，越是在危急时刻，我们越是应该承担起相应的责任，从而做到不推诿，不扯皮，言必出，行必果。最后，作为服务业人员，我们还应该有耐心，想客户之所想，急客户之所急，这样才能最大限度地为客户着想，满足客户的需求。总而言之，拒绝客户只会关闭我们与客户之间的门，唯有更好地服务于客户，我们才能实现交易，还有可能与客户成为朋友呢！

不吝赞美，让客户心服口服

有人说，商场如战场，商场竞争之激烈不得不让我们认真对待每一笔生意。在与客户沟通的过程中，不少销售员苦口婆心，想方设法劝说客户购买，有的销售员甚至向客户施加压力，认为这样客户就会接受自己推销的产品，实际上，他们忽略的一点是，从没有卖不出去的产品，只有卖不出去产品的销售员，无论是何种较量，都应该先从"情"的角度多说话，赞美就是一种打动客户内心的方法，因为人都是感情的动物，更是爱听赞美之言的动物，如果我们能愉悦客户的耳朵，那么即使谈话过程中涉及到利益问题，对方也可能会因为"情"而做出"有失偏颇"的决定。

李小姐是一家办公用品公司的售后服务人员。一天，她接到顾客的投诉，说是新买的一台碎纸机出了问题。

李小姐来到对方单位，被人引进行政办公室里调试机器。她一进门便说："哇！好气派。我很少见过这么漂亮的办公室，如果我也有一间这样的办公室，我这一生的心愿就满足了。"然后她又摸了摸办公椅扶手说："这不是香山红木吗？难得一见的上等木料啊！"

"是吗？"对方办公室主任的自豪感油然而生。介绍说："我们这里的装修是我亲自主持的，从老总到同事都很欣赏呢！"于是李小姐开始向对方取经，主任带她参观了整个办公室，介绍了装修材料、色彩调配，并且兴致勃勃，溢于言表。

在轻松愉快的气氛中，李小姐很快就调好了机器，她和主任握手再见，相约下次有机会要再次合作。

案例中的李小姐是怎样化解客户的投诉的？很明显，她使用了赞美法，她从客户办公室的布局开始说起，打开了客户的话匣子，让双方在愉悦的氛围中解决了机器的调试问题。

可见，我们在与客户打交道的过程中，要学会察颜观色，留意对方身边的事物，从中了解他的心态，并把话说到他的心里，这样才能赢得对方的好感。这时，要想成功推销，定会顺利很多。

当然，具体的销售活动中，只是在销售之初说一些美言是无法真正促成交易的，这还需要我们在接下来的沟通中不断赞美，因为在任何时候，人的某种好感都需要被强化，销售员也只有做到这样，才能一鼓作气，做成生意。

在实践中最贴近生活的例子，就是我们去水果摊上买水果时，如果对方一个劲儿地从盘子里往外取水果，那么即使称杆再高，我们也会不高兴，但如果是他加一个，再加一个，即使称杆没有那么高，我们也会很高兴。这是心理学的普遍定律。

同样的道理，如果你想要得到一个人的心，那么就逐渐增加你的赞美吧，如果你要伤害一个人，那么就逐渐降低对他的评价。

一个人的心理状态、精神追求、生活爱好等等，都或多或少地会在他们的表情、服饰、谈吐、举止等方面有所表现，销售过程中，只要你善于观察，就能不断地找到可供赞美的地方，进而就能把话说到客户的心里。

可见，我们要想让赞美之言真正起到有利于销售的作用，就要多观察、多用些心思，不断增强你对客户的评价和赞美，一旦我们和客户建立了更深层的关系，成功推销也就不在话下了。

第 10 章

情景九：交朋识友，让情谊四季常青

设身处地，帮朋友出谋划策

口才实例：

在上一堂人际交往的课时，教授给在场的两百多名学子讲了这样一个故事。

他说："有一个年轻人觉得自己特别孤独，既没有朋友也没有亲人，他常常躲避现实，有很多次想到了离开这个世界。一天，他觉得自己活着实在是没有意思，就准备找一条河或一口枯井来了却这种没有意义的生活。"故事讲到这里的时候，教室里异常安静，但没有往日里的那种死气沉沉的课堂景象。

教授没有在意教室里的这种变化，接着讲："这个人走到了街上开始寻找他极乐世界的去路。这时，他碰到了一位老婆婆。老婆婆了解了他的现状后，便把他领到了一间屋子里。进去时，他发现了一张大桌子，桌旁都坐着人，而桌子上摆满了丰盛的食物，可是没有一个人能吃得到。因为大家的手臂受到了魔法师的诅咒，全都变成直的，手和胳膊不能弯曲，而桌上的佳肴夹不到口中，所以一个个愁眉苦脸的。"讲到这儿，教授听到了台下同学们的一片唏嘘，甚至出现了一阵骚动。

教授稍微停了一下，环顾了一下教室里的所有同学，他看到有部分同学眼中的怜悯之情。

教授接着说:"那个年轻人也和你们现在的表情一样,也为这些被束缚了臂膀的朋友惋惜。在那个老婆婆的带领下,年轻人又来到了另一间屋子里。年轻人看到了和第一间屋里同样命运的人,但是这些人却是另一番景观。原来他们每个人的手臂虽不能弯曲,但是他们在面对面地彼此帮助着夹菜喂饭,结果大家吃得都很高兴。在这间屋子里充满了欢乐的气氛,年轻人也被看得感动了。"

故事讲到这里算是讲完了,教授把接下来要做的事情交给了在座的学生们,要求他们就以此为题展开讨论……

快下课时,教授把整个故事的结尾才告诉了大家,原来现在的那位年轻人已经是一位身价百万的房地产老总了。

技巧点睛:

当你独身一人时,就会想起需要找个朋友,需要向朋友倾诉一下自己的心声,朋友在我们心目当中的地位也就随之上升了。一个没有朋友的人是孤独的,他的生活也没有什么意义。当朋友出现在我们面前的时候,我们都在尽力留住朋友的心。就像故事当中那些被魔法师束缚了臂膀的人一样,每一个被束缚者都是彼此的朋友,他们相互夹菜喂饭,相互安慰鼓励对方,并有了活下去的勇气。

生活中这样相互夹菜喂饭的例子很多,也许他们并不认识,就是因为有了相互的共同点才使他们成了朋友。在人与人之间的交往当中,我们应该像那些被束缚了臂膀却懂得相互帮助的朋友们学习。

是朋友就要给予帮助

在经济社会的今天,朋友本身也是一种财富。当你遇到困难时,往往是你的朋友向你伸出了援助之手。也许有一天，当有很多的手伸向你，来帮助你渡过难关的时候，我们才发现朋友原来就是需要帮助的那个人或者是我们要帮助的那个人。

帮助别人本身就是一件快乐的事情。在朋友那里得到一点安慰或是得到朋友的帮助，我们都会为之兴奋不已。既然是朋友就要相互帮助，相互发展，这样我们才能共同进步，才能在同一片蓝天下翱翔。帮助朋友多一点，关心朋友多一点，就会得到朋友的信赖。

朋友多了路好走

有的人一生只有一个爱好，那就是广交朋友。朋友一路走来，一路上也发生着许多感人的故事，故事中也少不了有朋友的影子。没有朋友的路上，也就没有花香，没有欢笑，一路总是暗淡的。人活一辈子，活的就是人情味。广交朋友就像我们买保险一样，交的钱越多心里就越有踏实感，交的朋友越多，自己的交际圈子就会越广，心里也就会感到越自豪。想想，到处都是我们的朋友，我们不论走到哪里，总会得到朋友的帮助与照顾。要想使自己在将来的路上一帆风顺，就需要有朋友来陪伴，也需要朋友来点缀自己多姿多彩的生活。

伸出一双手，赢得朋友心

没有一个人可以不依靠别人而独立生活，这本是一个需要互相扶持的社会，先主动伸出友谊的手，你会发现原来四周有这么多的朋友。在生命的道路上我们更需要和其他的个体互相扶持，一起共同成长。

在朋友需要帮助的时候，伸出你的一双手；在关键的时候，伸出你的一双手；每个人都伸出自己的一双手，我们的身边就会有很多双手，也就会有更多的爱。

顾及他人情绪,莫要一意孤行

口才实例:

一次过节,单位召开茶话会进行庆祝。

会上,先是几位领导发了言,要让在座的大家玩儿好,过一个祥和的节日,然后就是下面的人在一起唠唠嗑、谈谈心什么的。不知不觉中半个小时过去了,茶话会开的倒也挺顺利的。谁知,茶话会进入到后半个小时的时候,不知什么原因,其中的两位同事竟大声争吵了起来。

坐在旁边的同事,相互提醒两个吵得脸红脖子粗的同事,有什么事情让他们私下里解决,不要在会场上争吵,以免领导生气⋯⋯

但是,两位吵架的同事,越是趁着其他同事的劝解,反而吵得更厉害了。

这两个同事面对大家竟然讲起了各自的理由,并让坐在旁边的几个同事给他们评价到底是谁的错。两个人的吵架,把其他的同事也搅和进来,让其他的同事都觉得很难堪,劝也劝不了他们两个,最后大家只好都纷纷打了退堂鼓。会议也就此结束了。

就这样,一次节日的庆贺会就变成了听同事的吵架会。会后,两个吵架的同事都受到了领导的严厉批评,事后他们才认识到了各自的错误。

技巧点睛:

有时候,人的情绪是可以相互传染的。在一起共过事的朋友们都知道,要是哪一天单位的领导脾气不好给大家发了火,大家的工作情绪都会变糟,这就是说领导的坏脾气已经传染给他的员工了。在案例当中,一场庆祝过节的茶话会本是欢乐的气氛,大家的情绪都很好,却被一场不该来的吵架搅了局。两个情绪不稳定的同事把他们的情绪带到会场上来,又通过吵架把不好的情绪传染给了其他的同事,从而影响了大局。

在与人交往时,我们要特别注意自己的情绪,不要把自己的坏情绪传染给其他的人,以免发生不必要的麻烦,给自己的形象抹黑。那么,我们怎样才能做到不把坏的情绪传染给其他人呢?

情绪是大家共同的氛围

人都是有情绪的,而且情绪也有好坏之分。心理学的研究表明,人一旦在内分泌失调的情况下,都会表现出情绪的。情绪的好坏也是因人而异的。有的人自控能力好一点,他的情绪就不会轻易地表现出来,而有的人自控能力较差,所以只要一有点情绪就会立刻凸显出来。

在我们共同生活的范围内,有着不同类型的人也就有着不同类型的情绪。有时候我们为了给大家营造一个和谐的工作环境或者是一个良好的学习环境,我们都会刻意地控制自己的情绪,因为在一起生活,情绪也就是大家共同生活的氛围。

一个人的饭吃着不香

给你一间屋子让你工作或是学习,有时候你反倒觉得不舒服。"物以类聚,人以群分"说的就是人们都喜欢与自己性格差不多的人交往。而人的性格代表着人的情绪,性格暴躁的人一般都是容易带来情绪的;那些性格比较平稳的人,他们的情绪也很平静,他们不会轻易表现出自己的情绪。

在与人交往的过程中,我们可以试着用和朋友沟通的方法去消除自身的情绪,有福同享,有难同当。与人沟通既可以消除自身的一些情绪，还可以帮助朋友分享他们的不快。要学会用一身好的情绪去聆听和面对朋友，去感染朋友，这样才能做到有饭大家吃、有饭大家饱的境界。

在同一屋檐下欢笑

为了不使我们失去朋友，我们才努力付出，用真心换取朋友的信赖。尤其在交往的过程中，大家都要相互照顾、相互帮助。心里装着别人、装着朋友的人才能被朋友装在心里。正是因为大家有着共同的性格，有着共同的生活习惯，才会生活在同一个人际交往圈子里。既然在一起，我们就要做到照顾大局，事事以大局为重，我们的这个屋檐下才会产生更多的欢声笑语。

学会在同一屋檐下生活，做事不能一意孤行、以自我为中心，否则就会失去很多的朋友。一个顾全大局的人，才是真正拥有更多朋友的人。

即使是亲密朋友，也不要向他全权吐露自己的心事

有的人认为，既然朋友之间无话不谈，那么自己对朋友也没有什么好保留的。于是，他们就在聊天的时候，为了增加朋友之间的亲密度，把自己的所有隐秘的事情都给朋友说了。其实，即便是最亲密的朋友，也不要凡事都告诉给对方，给自己一片自由的空间，毕竟那才是最安全的。在更多时候，正因为朋友之间保留了一部分，才会使彼此的关系更加稳固，使彼此的交往更具有吸引力。

我们每一个人都有自己的隐私、生活圈子，还有一些不为人知的个人经历，难以启齿的话语，这些都是需要我们自己保留的，而不是把它们作为朋友之间的谈论话题。如果你毫无保留地告诉朋友，只会让朋友觉得"你是个傻瓜"，或者对方对你的这些隐秘的事情根本就不感兴趣。最为关键的一点是万一你的朋友是个当面一套、背后一套的人呢？经过他的嘴巴把你的那些最为隐秘的事情弄得满城尽知，到时候丢失颜面的只会是自己。而且你在与朋友交往的时候，并不能确保你们之间就能一直维持和谐的关系，不会出现任何矛盾。一旦你们之间有了矛盾，那就会激起对方的报复之心，从而可能会把你的那些秘密散播出去，但那时候已经追悔莫及了。

1.尊重朋友的隐私

朋友之间最重要的就是互相尊重，不仅仅是尊重朋友，更需要尊重朋友的隐私。即便是你最好的朋友，也会有意无意地伤害到你，因此，朋友之间需要保留自己的那份自由天地，既需要自己保留，也需要为朋友留一个自由的空间。

小李个性比较外向，喜欢张扬自己，和关系不错的朋友聊天聊得愉快了，就喜欢将这些聊天内容拿来和其他的朋友分享。

当她刚开始踏进社会的时候，进了一家广告策划公司，居然遇到了比自己大一届的学长，虽然在学校没有见过面，但是相同的专业让他们觉得很亲切。她与学长特别聊得来，学长为了帮助她尽快进入员工的角色，经常关心她的生活，督促她的工作情况。为了提高小李的工作进度，他还经常在下班之后留下来，耐心地为小李讲那些工作流程，细心地纠正她在工作中出现的错误。可是，当学长偶然听说，小李把他们的聊天内容说给了其他朋友听后，他便不再和小李聊天，只是偶尔淡淡地问候。

直到现在，虽然小李看见学长还能亲切地叫一声，但是总感觉他们之间的距离越来越远，再也回不到从前了。小李很后悔自己当初的行为，没有很好地尊重学长，破坏了彼此之间的关系。

我们在与朋友交往的时候，需要表现出对他的充分尊重。这样的尊重不仅仅是尊重朋友之间的情谊，更重要的是尊重其隐私，无论对方与你谈论了些什么，你都要将它视为是你们之间的秘密，是不可以随便向其他人说的。因为每个人的心灵都是比较娇气的，有时候你无意的一句话，无意表现出来的一个动作就会伤害到对方，进而影响双方之间的关系。

2.保持朋友之间的弹性美

在日常的人际交往中，人与人之间都存在着一定的心理距离，正是因为有这样一种距离，才使得我们的人际交往更为顺利。朋友之间也是需要保持一定距离的，既要有距离也要保持一定的弹性。只有保持朋友之间的这种弹性美，才能使双方之间的友谊更加长久。

密钥：

如何保持朋友之间的弹性美？这就需要我们从两个方面做起，一方面需要我们正视与朋友之间的关系，真正的朋友既不是施舍，也不是同情，而是一种绝对的信任和真诚；另一方面，我们需要与朋友之间保持一定的距离，不要凡事都干涉对方，不要主观地认为自己永远是对的，每个人都有自己的想法，我们也没有资格去强求对方按照自己的意图办事。

当好"垃圾桶",为朋友保驾护航

真正的好朋友,绝不是在你把所有的秘密都倾诉给他之后,他马上变身大喇叭,四处宣扬你的秘密,使它们成为人尽皆知的事实。而是能够尽心竭力地为你保守秘密,在你伤心的时候成为你的"垃圾桶",让你尽情倾吐心中的不快,从而让你发泄心情,但是等到你心情平复之后,他却像是从未听说过你的秘密一样,待你一如往常。这才是真正的好朋友,也是可以值得信任的人。

古往今来,有多少人都是因为信错了人,把自己重要的事情告诉朋友,却最终被朋友出卖,最终导致自己陷入被动之中,生活受到影响,甚至整个人生都因此而改变。实际上,每个人都有属于自己的秘密,有些人因为对朋友信任,因而才会把自己的秘密告诉朋友。殊不知,并非所有的朋友都是值得信任和托付的。有些时候,恰恰朋友才是伤害我们最深的人。既然如此,我们理应反思自身,是否也曾出卖过朋友的秘密,让朋友的秘密人尽皆知。假如我们想要成为他人真正的好朋友,首先就应该调整自己的心态,千万不要抱着偷窥的心态听取朋友的秘密,而应该把自己作为一个"垃圾桶",只是给朋友发泄之用。除此之外,我们还应该非常尊重和在乎朋友。其实不仅仅对于朋友,即便对于一个普通关系的人,倘若我们无意间知道了他们的秘密,也应该坚持为他们保守秘密的底线,这样才能让我们成为值得他人信任的人,也会得到他人的尊重。

刘颖和雪儿是同学,大学四年一直住上下铺。毕业后,她们结伴应聘,又幸运地进入了同一家公司工作。按理来说,她们的缘分不可谓不深,也因此她们早在大学时期就成为了无话不说的好朋友,每天都出双入对的。进入公司之后,她们都是新人,所以不管做什么事情都彼此照顾,相互扶持,感情也变得越来越深厚。

然而,同事关系可不比同学关系,同学关系不容易产生纠葛,同事关系却面临着诸多利益的诱惑。比如说最近,公司领导准备从新人中调动一个人当总经理助理以好好培养。为此与刘颖和雪儿同期进入公司的新人全都跃跃欲试,又因为刘颖和雪儿的外形条件比较好,所以处于优先录取之列。她们都很清楚,假如真的能够成为总经理助理,对于她们这样的职场新人而言则无异于一步登天。倘若做得顺利,得到总经理的赏识,前途更加不可限量。思来想去,为了增加自己的胜算,刘颖开始在公司里散布关于雪儿谣言:"雪儿在大学时期考试就经常作弊,而且作文也常常绞尽脑汁写不出一个字来,根本不适合当助理,哪个助理不需要动动笔头写点儿东西呢!最重要的是,雪儿有一次帮助老师分试卷,还泄露了试卷机密呢!"很快,关于雪儿的谣言就在公司里被疯传,最终刘颖如愿以偿地成为了总经理助理,雪儿则马上辞职,不愿意再面对刘颖这样的朋友。

朋友既可以成为我们的心腹,也可以成为我们的心腹大患。所谓明枪易躲,暗箭难防,更何况朋友还是非常熟悉和了解我们的人,也知道我们的弱项和软肋在哪里,因而攻击我们的时候就能更加一针见血,一招致命。由此可见,我们与朋友相处也必须擦亮眼睛,火眼金睛,否则一旦遭遇朋友背叛,我们就会非常被动,甚至因此而元气大伤,失去半条命。事例中的刘颖就是这样残酷地出卖了雪儿,换取了自己的晋升,不得不说这样的人不值得当朋友,更不值得与其交换真心。

作为朋友，我们最基本的义务和原则就是为朋友保守秘密。倘若面对一个出卖朋友的人，我们首先会否定这个人的人品，其次也会对这个人心生戒备。尤其是现代社会人心难测，我们更应该学会保护自己。所谓害人之心不可有，防人之心不可无。任何情况下，我们都只有认清朋友的真面目，用心感受朋友的脾气秉性，才能放心地向朋友倾诉秘密，也才能把朋友当成是我们最值得信任的人。

朋友之间无高下

生活中不乏有些妒忌心很强的人，即使对于朋友，他们也容易心生妒忌。更有甚者，对于自己的亲兄弟姐妹，一旦看到对方超越自己，也会感到心中愤愤不平，甚至在嫉妒心的驱使下做出过分的事情。不得不说，这样的人不仅对于他人是一种威胁，对于他们自身而言，也是非常痛苦的，因为他们会时时妒火中烧，忍受妒忌带来的痛苦。

其实，每个人都有自己的长处和优点，也因为命运的眷顾，因而常常感受到幸运。但是命运并不会特别偏好某一个人，正如人们常说的，当上帝为你关上一扇门，也必然会为你打开一扇窗。在这种情况下，我们与其羡慕他人在某些方面比我们好，占据优势，不如努力改变自身，提升和完善自我，这样才能让自己变得优秀，也才能彻底解决问题，不再徒劳无功地羡慕他人。尤其是在和朋友相处时，宽容之人从不与朋友计较得失，更不在乎朋友比自己强大还是软弱，也因而他们能够与朋友和谐共处，更能够与朋友建立深厚的感情。相比之下，那些总是嫉妒朋友的人则很难得到朋友的真心，因为他们总是对朋友斤斤计较，缺乏真心。其实，就算朋友比我们占据优越又有什么关系呢？归根结底，朋友理应得到我们的祝福，我们也应该因为看到朋友的幸福而真心祝愿他。谦和的人不但不会与朋友计较，还会礼让朋友，让朋友展现优越，否则朋友之间交谈时总是恨不得以绝对优势压倒对方，必然会使交谈气氛剑拔弩张。

　　人与人之间除非是在竞技场上，否则根本没有必要非要分个高下出来。尤其是对于朋友，或者是那些能够帮助和协助我们的人，所谓尺有所长、寸有所短，我们又何必非要逼迫他人低头认输呢！只有综合那些力量为我们所用，我们才能最大限度地发挥自身的力量，也才能让自己因为高瞻远瞩而得到他人的尊重和认可。

第 11 章

情景十：保鲜爱情，让好口才为甜蜜增分

甜言蜜语，增添生活乐趣

巧巧经朋友介绍认识了年轻有为的青年阿明。

在一次约会中，阿明看到公园里别的男生为自己的女朋友买这买那的很是亲热，他也学着别人，给此时的女朋友巧巧买这买那。巧巧一开始也很感动，觉得这个愿意为自己付出的男人值得信赖。

可是没过多久，巧巧渐渐地发现和这个男人待在一起没有激情，觉得这个男人只知道为自己买这买那，再也没有其他的令她感动的举动了。两个人在一起有时候无话可说，经常出现尴尬的场面。

不久，巧巧便和阿明分手了，找了在另一家公司做推销员的陈皓，并组成了他们温馨的家庭。

在一次宴会上，巧巧把她为什么离开阿明的原因告诉了她的好朋友。她说，阿明的确是一个好男人，懂得体贴别人，就是他太沉默，不会说话，不会哄她开心，她感觉不到两个人在一起时的那种温馨。

不管是恋人还是夫妻，日常沟通和交流是必不可少的，但是如果交谈的话题仅仅限于柴米油盐酱醋茶或者工作，那就不免会有些乏味，长久下去，会让双方的感情变得平淡无味。所以，建议恋人及夫妻之间多说些甜言蜜语，这样爱情才能有滋味，有甜蜜度。

情景十：保鲜爱情，让好口才为甜蜜增分

芬芬和阿宇成婚后，两个人配合得很默契，生活过得很美满。但是没过多长时间，芬芬就发现，阿宇回家的次数越来越少，即使回家，停留的时间也越来越少，芬芬和他说话，他也充耳不闻。两个人的生活逐渐变得平淡，家里再也没有了以前的欢声笑语了，一切似乎沉寂下来了，空气似乎也有些紧张。

芬芬心里也很烦恼，和阿宇说话也是粗声大气，家里变得一团糟。阿宇回到家里，少言寡语。芬芬弄不清楚阿宇的心思，自己也是闷闷不乐。为了弄明白阿宇的心思，这天，她把家里收拾得干干净净，重新布置了一番，等候阿宇回来。阿宇下班回到家之后，感觉耳目一新，话语也多起来了。通过与阿宇交谈，芬芬了解到阿宇在工作上遇到了难题。于是，芬芬好言相劝，一番甜言蜜语，使阿宇紧张的心情得到了缓解。

重新感受到了芬芬的温柔体贴，阿宇心里充满了柔情蜜意，工作上的辛苦也变成了一种乐趣。闲暇时，阿宇又带着芬芬一块儿外出旅游，感受大自然的美好，他们的生活又充满了快乐。

每个人在社会上都扮演着很多的角色，面临的问题也非常复杂，压力可以说随时都在袭击着每个人，所以如果你爱对方，那就多给对方一点时间，帮助他克服难关。帮助的方法有很多，语言的鼓励就是其中一种，我们可以在此时献出自己的甜言蜜语，让对方感受到家庭的温暖，从而帮他克服外界的烦忧，这样下来，彼此的关系将会更亲近。

如果爱情是一种化学反应，那么"甜言蜜语"就是催化剂。假如你不想到头发花白时才为没有爱的回忆而懊恼，假如你不想因为错过心爱的人而追悔莫及，假如你想重新为婚姻生活注入激情，那就别吝啬你的甜言蜜语。

1.不要吝啬你的赞美

赞誉是一种动力和承认,也是一种让人找回或者增加自信的很好的凭借物,恋人之间要尽可能多向对方说些赞许之语。"你真聪明""你真勇敢""你真幽默""你真能干""你是一个好妻子""你是一个成熟的男人"……只要心中有爱,你总可以发现恋人身上的闪光点。

2.利用现代工具传递爱意

现代社会,人们的通信工具也越来越多样化,从电话、传呼机到手机,再到多媒体电脑,人们在现代化的通信网络中可以享受便捷、快速、高效的服务。那么,在表达情感时,不妨利用这些工具和手段,为你的爱情增加一丝浪漫的现代气息。

3.借鉴多类表达方式

很多人比较害羞,说不出甜蜜的话,其实我们不妨试着用其他方式表达。比如把写有"我爱你""我非常喜欢你""有你的每一天都是美好的"的小纸条贴在对方容易看到的地方,给爱人一份意外的惊喜,这样对方也能感受到你的心意。记住,甜言蜜语绝非多此一举,而是增进感情的一个良好途径。

聊天密语:

夫妻间的相处是一门高深的学问,多说些甜言蜜语,能够让对方感觉到你的柔情蜜意,相信这是每个人都非常喜欢的。因此,在日常生活中不妨尝试一下,养成每天说些甜言蜜语的习惯,这样会给婚姻生活增添不少乐趣。

道歉与原谅也可以彰显浪漫

口才实例：

张炬和王丽是同级不同班的两个学生，在一次开运动会时两人相识，后来关系发展到好朋友的地步。

在交往中，王丽得知张炬是一个爱好文学的青年，尤其是爱写诗歌，已经有好几首诗歌简报了，所以她一直很敬佩张炬。一次，王丽大胆地提出要看看张炬的诗稿。张炬二话没说就把自己刚刚完成并准备投稿的一些诗歌给了王丽，让她先睹为快。

谁知，王丽拿着那些诗稿欣赏的时候把诗稿弄湿了，上面的字迹已经变得模糊不清。王丽心里又是内疚又是着急，觉得没法跟张炬交代，自己也不好意思去直接面对张炬讲清原因。情急之下，王丽拿出来手机给张炬编辑了一条短信，说明了原因并请求他原谅她的过失。

张炬看到短信时笑笑说："不就是一些诗稿嘛，打湿了就打湿了呗。大不了我重新再写一遍，值得你这样担惊受怕吗？"

随后，张炬并没有直接打电话告诉王丽要原谅她，而是借题发挥地就这件事情创作了一首专门给王丽的诗，并且用短信的形式发到了王丽的手机上。

就这样一来二往，他们两个人的关系又回到了以前的好朋友。

技巧点睛：

道歉是朋友之间常发生的一件小事，而学会道歉却是做人的一件大事。道歉的目的就是取得对方对自己的原谅，对方原谅了自己则说明道歉起到了一定的效果。有时候道歉可不是随随便便给对方说声"对不起"就可以，所以道歉也得讲求一种技巧。就像案例中描述的，王丽犯了错误要给张炬道歉，不是直接跑去跟张炬说"对不起"，而是借助手机短信这一媒介来消除自己的紧张。张丽这样做既让对方知道自己错了，又避免了直接面对面时的尴尬和紧张气氛。而张炬的做法更是与众不同，利用创作诗歌的形式去原谅朋友所犯的错误。张炬这样做既原谅了对方又赢得了朋友的真心，还使整个过程充满了浪漫色彩。

道歉与原谅并不是各自说一句"对不起"、"没关系"这样的客套话，而是要真正赢得朋友的信任。在恋人之间，更不能用像"对不起"、"没关系"这样死板的话来取得恋人的爱。假如你和你的恋人发生了矛盾，并且是你有错在先，那么你怎么样才能真正赢得恋人的谅解和信赖呢？

顺水推舟，解自己难围

试想一下，当你在朋友家里做客，不小心弄坏了她心爱的影集时，你一刻也不停地马上向她道歉，她的心里会是怎样一种感受呢？你弄坏了她心爱的东西，她本身心里就很窝火，你再在她身旁叽里呱啦地说个不停，她能原谅你吗？

别人真心地在你的面前请求你原谅他的时候，想必你的心里也不是滋味，所以你也急需一个让你表现大度的机会。面对错误，在恰当的时候给对方道歉，同时又要想得到对方的原谅，那不妨试着来个顺水推舟，将别人请求你原谅的机会当作自己给自己解围的机会。

及时宽容是原谅的开始

人都会犯错误。当你面对你所犯的错误而难为情时，多么希望得到恋人的原谅啊。我们想要原谅一个人时，不是在对方说了一句"对不起"时马上就说声"没关系",这样的原谅反而显得你没有诚意,没有真心真意地原谅他的过错。

当我们犯下了不可避免的错误时,自己心里觉得很是对不住自己的恋人、很是愧疚,所以就要征得他的谅解。面对这样的情况,我们首先要冷静地考虑一下自己为什么会犯这样的错误,下次怎样才能避免同样的错误发生,等你想清楚了再去向他道歉。

坦然面对自己的错误和别人所犯的错误,给自己或犯错误的人一个改过自新的机会,我们的心里就会踏实许多。要用一颗宽容的心去面对朋友的错误,才能找到真正的朋友。

道歉和原谅是一对好朋友

"知错就改的同志是好同志",我们在生活中难免会犯错,而自己犯了错误心里就会内疚,所以就会需要大家的理解与原谅。有了犯错误的人,就会有原谅错误的人。在恋人之间,多用原谅的心态去交流,去理解对方、宽容对方,久而久之恋人之间的感情就会非常稳定了。

道歉和原谅本是一对好朋友,在恋人之间、好朋友之间更能体现出它的人情味来。

"吵嘴"是增进感情的调味剂

口才实例:

琴和杰在大学期间一直谈恋爱,毕业后他们成了班上最成功的一对恋人。

琴在大一刚认识杰的时候，对杰温柔贤惠，杰对琴也是体体贴贴的。可没过多久，琴的温柔贤惠没有了，而杰的体贴也没有了，两个人总是吵吵闹闹的，闹得是满校园的风雨。

他们俩在一起呆腻了，没有什么想说的话了便开始打口水战。经常是爱吃醋琴发起战争，说是杰在外面有了别的女朋友，和别的女生一起来往。而性格倔强的杰也是寸步不让地为自己争辩，争辩到高潮时两个人就开始了正式的吵架。一场架吵完了，两个人都会清净一阵子，相互都不愿意理睬对方。

他们的吵架，时间久了就都习惯了。有时候为了增加一点气氛，他们俩还故意吵架，吵架之余往往是两个人抱在一起快乐地笑着。

在同舍友一起交流的时候，琴还经常告诉舍友说他们俩就是因为吵架才吵出感情来的。

技巧点睛：

人与人之间的交往难免会发生一点口舌摩擦。尤其是双方都是正处在谈恋爱时期的青年，他们经常因为鸡毛蒜皮的一点小事情而吵嘴。吵归吵，两个人的感情照样很好。故事当中的一对情人吵架，就是为我们树立了一种吵架的榜样。他们的吵而不是真吵，吵架的目的是拉近两人之间的距离。

在我们的日常生活当中，吵架的现象很常见。不管是真吵还是假吵，只要各自的心里还装着对方，那么吵架也就只是一种形式罢了。那么与爱人吵架时，怎么样把握吵的火候，才能不使对方陷入真正的悲伤呢？

打骂情俏才是爱人之间的主旋律

爱人之间的小打小闹是常有的事情。在爱情中,有几件事情必须和爱人一起做,那就是吵架以及相爱。打情骂俏不仅可以愉悦身心,让你在紧张的工作之余放松,还可以振奋你疲惫的心灵,可以让你平凡的生活变得多姿多彩,可以让情侣更加亲密,可以让朋友更加紧密,可以让亲人更加和谐。可以让朋友玩得更加开心,而且这种开心不会带任何负担。因为大家都知道打情骂俏是一时的,目的是为了搏对方一笑。总之,打情骂俏是轻松的、愉悦的、是双赢的。

生活的调味剂——吵一吵

我们都不喜欢过那种平淡如水的生活,因为那种生活过得实在是没有什么乐趣。在我们的生活中,为了不使共同的生活趋于平淡,不妨试着给它增添一点调味剂——吵架。当你的心情不好时,可以学着吵一吵,从而释放一下各自心里的压力。爱人之间的吵架都是短暂的,正所谓"床头吵架床尾和"。吵架可以释放我们压抑很久的心情,夫妻之间的吵架更可以调节他们之间的感情。一些人认为生活平淡、苦闷,为什么?因为他们渴望意义和目标,他需要探索新的生活目标了,需要找到生活另外的意义了,所以他渴望转变。如果我们能够读懂对方的情绪,读懂他内在的需要,那么两个人才会产生真正的默契。

吵嘴也需要技巧

有些人喜欢吵嘴,但吵嘴之后往往会影响两个人之间的感情,而有的夫妻吵嘴却增进了他们之间的感情。只顾着一心一意吵架的人,吵架之后留下的便是生气,而有的人则讲求一个技巧。那就是在不涉及各自情绪的前提下,只通过斗嘴来进行吵架,吵完了便什么都没有了。

婚姻生活是由柴米油盐组成的，每个人的观念和习惯都不同，所以夫妻难免会吵架。不过，小吵怡情，大吵伤神。只要是不涉及原则性的问题，不涉及大家的承受底线，无伤大雅的小争执也许会给生活带来一些别样的情趣，还可以舒缓压力。但夫妻吵架也要有一些技巧，首先要知道对方的承受底线，其次要有节制地吵，撕破脸皮地互相伤害是不可取的。

说点"醋话"，让爱人明白你的心

有些人要证明自己和爱人爱得有多深；有些人会仿效某些模范夫妻，抓紧每个能当众表现亲热的机会，来表示爱人有多爱自己；也有些人选择反证，借刺激对方的醋意，来衡量爱情的深度——对方愈容易为自己吃醋，便表示对方愈爱自己。后者这一方法被人们屡试不爽。可见，我们若想向对方表明爱意，可以说些暗示的"醋话"。

对于那些恋爱中的男女来说，都有这样的心理，那就是一旦出现了竞争者或者情感的威胁者，他们会立即采取措施，言语反击就是一个重要表现。比如，我们可以发现，生活中，很多男孩会对自己心爱的女孩说："为什么你身边总是有一些怀有不良动机的人呢？我会替你赶走他们的。"乍看，这句话似乎很平常，但实际上，则是这位男孩的"醋话"，聪明的女孩一般都能听出其中的真正含义，而如果这位女孩也会做出回应，表明她也喜欢这个男孩，那么在听到这些话后，自然会和其他男孩保持距离；而如果她对男孩并不在意，那么只会一笑了之。

在恋爱的过程中，很多人都采取类似的方法向心爱的人表明心迹：

贝贝与小鹏从大学就开始恋爱了，贝贝是学校的校花，追求的人自然不少，直到毕业后，那些追求者仍然不死心。其实，贝贝也知道，小鹏是爱自己的，但有时候小鹏就像个榆木疙瘩，连句情话也不会说。于是贝贝想出个办法，贝贝对他说："我今天有个约会，是大学那个王志，今天下班后你不用等我了，自己回家吧。"

小鹏一听，心里急了，但又不知道说什么，只好点了点头。但下班后，小鹏却尾随贝贝到了约会地点。突然，小鹏看见那个王志想对贝贝动手动脚，这时，他冲上前去，对王志说："我跟你说，贝贝是我女朋友，这辈子她都是我的人，你休想打她的主意。"小鹏一副想打人的架势，王志一看目的达到了，也就灰溜溜地走了。而此时的小鹏一把把贝贝拥入怀中，对她说："以后任何男人的约会你都别去，我会对你好一辈子！"这时的贝贝已经心里乐开了花。

这个爱情故事中，女孩贝贝为了证明男朋友是否爱自己，她采取了一次试探法，让男孩小鹏的醋意被激发出来。虽然是个小小的谎言，却给自己和恋人都吃了一颗定心丸。

在我国，男女青年热恋时，一般较少像西方国家那样，十分明确地告诉对方"我爱你"。这种方法虽直截了当，然而由于戳破了那层纸，即刻便因失去了神秘感而索然无味。因而，示爱的方法多是话不挑明，却让对方在焦急中意会。而说"醋话"进行暗示，也成了人们挑破关系的一个重要方法。

的确，在恋爱中，恋爱双方谁也不愿最先捅破那层纸，痛快淋漓地表露心迹。有许多本可成就美满姻缘的恋人，往往会在这种僵持中丧失勇气，丢掉了大好时机。而这种暗示的方法则成了人们避免羞怯的一个好选择。

那么，我们如何利用这一心理策略向对方暗示爱意呢？

1.因人而异，注意"醋话"的度

曾经有人这样说：每个人都是一个独立的容器，容器的体积有别，容量自然不同。当一个茶杯碰上一个水杯，即使茶杯已倾尽所有，水杯还是觉得不够。相反，水杯却能轻易将茶杯斟满，只有两个体积相似的容器遇上，才能各得其所。也就是说，不是每一个人都愿意接受你的"醋话"的暗示，当然，这需要我们自己把握。

另外，正如每个人对酸性食物有不同的反应，有些人喜欢吃面时多加醋，只因想调节些味道，有些人加了一点就感到酸溜溜，只因是牙齿过敏。同一道理，相同的一件事，在别人身上能增添几分情趣，在对方的内心却是翻江倒海。

比如，如果你们关系一般，那么你过重的醋话，可能会导致对方自信不足，也可能会让其成了惊弓之鸟……

2.因时而异，别让对方会错意

也就是说，针对双方关系的深浅，对于这种"醋话"的暗示也是有要求的。如果彼此关系不深，我们应该注意调节"个体空间"距离，不要说些"醋意"很浓的话，不然就容易引起对方的反感，特别是女子，会给人以轻浮之感。男方如这样，则又会被对方看作是纨绔子弟。

同时，我们要注意说话的氛围，说话时要放松情绪，调节气氛。消除双方因过多顾虑而带来的过于谨慎的言谈是非常必要的，约会时的一次"冷场"往往会给双方带来较为严重的负面心理。这种负面心理会化作一种沮丧、退缩的行为，从而进一步影响以后约会时的语言表达能力。

总之，如果我们能掌握好利用醋话来暗示爱情心理策略的话，能给自己和心爱的人吃一颗定心丸，这对于双方关系的促进是极有帮助的！

畅谈未来，领会对方意图

恋爱双方，欲要谈吐入机、渐入佳境，达到两情依依的目的，肯定会谈及未来。人们常说的海誓山盟就是对未来的承诺。但实际上，任何人、任何事都是处于不断的变化之中，爱你一万年的承诺显得那么无力。俄国作家契诃夫有句妙言："十八岁的姑娘要你的一切，但什么都不愿意给你；三十岁的姑娘什么都愿意给你，但只要你的一片真情。"这就是说，随着时间、条件的变化，人的心理、情感也会变化。而事实上，每个恋爱中的人都需要承诺，因为只有有未来的爱才是真实的。同时，爱情的世界也必须有面包、牛奶，而不是柏拉图式的。任何两个相爱的人经过了一段时间的了解后，势必会谈到结婚、生活等方面的问题，但如果一个男孩对他心爱的女孩说："我可给不了你未来，我不喜欢结婚。"即使这个女孩再喜欢这个男孩，估计她也会"扬长而去"。

那么，恋爱中的人们该怎样对恋人巧谈未来，从而让对方对彼此间的爱情产生更多的信心呢？

1.宣誓法

通常来说在情感方面，女子更含蓄些，表现出娇嗔的特点，但又有过于羞涩、执拗的弱点；男子则显得外露、炽热、奔放。所以一般来说，男孩为了获得女孩子的芳心和信任，都会在爱情渐入佳境时对女孩宣誓。但也有一些情感热烈的女孩，她们性格大方，也会向心上人做出爱情的承诺。

丽丽与黎明从小一起长大，可谓青梅竹马，两小无猜。随着他们慢慢长大，心虽相知但表面却似有了距离。原因是黎明家穷，丽丽的父母不愿他们相好，怕他们的女儿受苦。黎明知情，自感惭愧，埋藏了心中的爱情之火，丽丽多次约黎明，他都借故推托。黎明心想，我们虽都有爱慕之心，但并未相互挑明，为了不耽搁丽丽的前程，还是永远不挑明的好。当丽丽的父母要为她找对象时，丽丽决心无论如何都要跟黎明认真谈一谈。这天，她终于堵住了黎明，刚要挑明话题，黎明就要离开。丽丽知道黎明的想法，便对黎明说："我看了一首诗，觉得很好，但又不完全理解，想叫你给我讲讲。"黎明问她是什么诗。于是丽丽取笔写下："上邪，我欲与君相知，长命无绝衰，山无陵，江水为竭，冬雷阵阵夏雨雪，天地合，乃敢与君绝！"黎明一看，沉默一阵说："东风恶，欢情薄。"丽丽知道这是陆游的词句，是说家人是他们爱情的障碍，便说："我读不懂的诗，就是我的誓言，陆游与唐婉的故事不会重演。"黎明默默地点头，他们在苦涩的泪水中拥抱。

丽丽在黎明不敢正视现实，回避爱情之时，巧用古诗质疑，表露心迹，让黎明知晓她对爱情的坚贞不二，避免了有情人各奔东西。

2.不要对爱人唱"我只在乎你"

《东京爱情故事》中完治对莉香说：让我来背负你的未来，太沉重了。莉香伤心之至，一个巴掌扇过去。莉香太爱完治，拼命想留在他身边,但最后只能远走他乡不带走一片云彩。

的确,任何人都不能承担另外一个人的未来,即使这两个人再相爱,因此,我们在和爱人谈未来的时候,不要说:"如果没有你,我会活不下去"或者"你离开我,我就去死"之类的话。即使谈婚论嫁,爱情也应该保持适当的温度和距离,双方才能如沐春风。像杜梅那样拿菜刀逼方言说我爱你,得到的只能是愤然反抗。还是李敖说得好,只爱一点点。为此,即使要给对方关于爱情的信心,我们依然要注意以下几个方面:

①永远不说多爱你。卡斯特罗有句名言:女人永远不要让男人知道她爱他,他会因此而自大。

②尽量不要在经济上有纠葛。金钱是个敏感的话题,恋爱男女一涉及现实利益马上就翻脸的例子不在少数。感情归感情,金钱归金钱,还是应该泾渭分明,免得赔了夫人又折兵。

③不要逼婚。太爱一个人就会想要天长地久,这时候就渴望起世俗婚姻了。因此就会一个劲儿地在男友面前提婚纱啊买房啊,把结婚的渴望明明白白地挂在脸上。如果对方想结婚不用你暗示也会去买戒指,反之你的渴望会吓跑他。

④不要天天厮守。爱情的生命力是有限的,要想让爱情寿命长一点就要保持一个适当的距离。如果有了肌肤之亲,千万别摆出一副非你莫嫁的样子。

⑤对方永远只是一部分。三毛曾经说我的心有很多房间,荷西也只是进来坐一坐。要有自己的社交圈子,别一谈恋爱就原地蒸发,和所有的朋友都断了往来,这只会让你的生活越来越狭窄。

邓丽君有首歌叫《我只在乎你》，这首歌不要随便去对爱人唱，就算对方刚开始很感动，渐渐地也会觉得压抑，说不定还会苦口婆心劝你说我有什么好的，不值得你这样。

总之，我们在和爱人谈及未来的时候，要给足对方爱情的保证，但凡事有度，说话也是，"一年之内我会成为千万富翁，给你最豪华的生活"这样的大话自然是不可说的，"我不能没有你"这样的话也会让对方窒息。在未来的问题上，我们只有把话说得真实、情感真挚，才会让对方领会我们的爱！

第 12 章

尾篇：因人因事，巧妙避开禁忌话题

杜绝伤害，让话题带来正能量

　　常言道，良言一句三冬暖，恶语伤人六月寒。在人与人交流的过程中，有些人往往有心或者无意地说出一些伤人的话，导致他人脆弱的心灵受到深深的伤害，甚至有可能因此而彻底与我们绝交。正如人们常说的，多个朋友多条路，多个敌人多堵墙，因为一时的口舌之快就失去朋友，可谓损失惨重。

　　其实，现代社会最讲究提倡正能量，每个人都希望从他人那里得到正能量。因而在与他人交流的过程中，我们最重要的就是要成为温暖的南风，让人发自内心地感到温暖，而不要像冷酷的北风一样，总使人感到寒冷。曾经有心理学家提出，人是有气场的。当我们充满正能量，我们的身边也会充满正能量的气场，我们的人生也会变得更加从容积极。由此一来，朋友们自然愿意围绕在我们身边，从而与我们产生积极的互动，也就会形成更好的气场。与此相反，有些人则浑身都充满了负能量，对于任何事情都提不起兴致，而且言谈举止之间也都散发着使人泄气的情绪，如此一来，如何能够成就完美的自己呢！当朋友们与他们接触时，常常会感受到消极的力量，因此一定会渐渐远离他们，不再愿意与他们亲密接触。

第12章
尾篇：因人因事，巧妙避开禁忌话题

朋友们，交谈最重要的目的就是与他人沟通，达到心灵上和情感上的共鸣，也创造成功的成就。然而，人是主观的动物，很多人在与他人交流时，总是带着自己的感情因素，从自己的主观角度出发，最终难免有失偏颇。在这种情况下，我们有时并非故意谈论伤害他人的话题，或者有意识地使他人感到伤心难过，只是因为没有觉察到自己会给他人带来伤害。因而要想我们与他人之间的交流更加和谐愉快，我们就要尽量站在他人角度思考问题，这样才能够拥有良好的人际关系。

作为一家建筑公司的老板，徐宇向来性格直爽，心直口快。他平日里说话总是想到什么就说什么，往往不假思索地把话没轻没重地说出来，为此，他得罪了很多朋友，也失去了好几个重要的客户。

有一次，有家建材公司的老板来拜见徐宇，想要和徐宇更多地合作。然而，徐宇看到对方穿着脏兮兮的工服，不免嫌恶地说："你的形象也未免太差了吧！还是让你们老板来见我吧！"对方听到这句话，不由得愣住了，呆呆地看着徐宇，说："我就是老板，你看不上我们的生意吗？"说完，对方就愤然离开了，徐宇却还在心中暗自嘲笑："穿成这个样子的人居然也敢冒充老板！"他不知道的是，这的确就是那家建材公司的老板，而且这个老板来找徐宇谈生意，不但想给徐宇供货，更因为他手中还掌握着一个好项目，想要找人合作拿下。就这样，徐宇失去了千载难逢的好机会。事后他后悔莫及，几次求见那个当天从工地上直接去见他、浑身脏兮兮的老板，可惜对方再也不给他机会了。

原本人们就不该以貌取人，可惜徐宇不但以貌取人，还表现出对他人的鄙夷之色。不得不说，徐宇作为一个老板，真的是智商不高，情商也很低，因而走到哪里都在散播负能量，对于他公司的前途，也可以想象了。

朋友们，不管和谁聊天，我们都不要在语言上逞强。因为语言上的逞强并不能给我们带来切实的好处，还很有可能伤害他人的心灵，因此失去一个朋友，可谓有百害而无一利。细心的朋友们会发现，古今中外但凡成功人士，无一不是言语谦和的人。只有胆小怯懦、自卑的人，才会用语言上的强大来给自己壮胆。相反，心灵真正强大的人，总是能够表现得谦逊，为人低调，因为他们根本无需借助外在唬人的形式来帮助自己壮大声势。这就是外强中干的人和真正的强者之间的区别。

无论是否是主观故意，话题中的伤害都会给人带来难以磨灭的创伤。因而朋友们，从现在开始谨言慎行，让自己变得宽容起来吧！所谓宽宥别人，就是宽容自己，同样的道理，善待别人，也就是善待我们自己。

说话要适应场合

虽然大多数人谈话都是即兴而为的，但是也需要注意，有些话在有些场合绝对不能说起。否则就会引发尴尬，甚至会导致朋友之间反目成仇，那可就得不偿失了。实际上，我们每个人每天都要经历各种各样的场合，诸如生活中去菜场、超市买些日常用品，这是一种场合，在工作中与不同的人见面则是另一种不同的场合，由此可见，人人都有很多种场合，每个场合都有每个场合的特殊性。只有分清楚这些场合我们才能避免在某些特殊场合提起敏感的话题，从而破坏人际关系。

第 12 章
尾篇：因人因事，巧妙避开禁忌话题

这里所指的场合，不但是客观环境和社会环境，也包括我们面对的不同人和经历的不同事情。很多人自以为自己出于善意，因而就口无遮拦，但是实际上，说者无心，听者有意。很多时候，我们毫不在意地把话说出来，但是却导致事情朝着相反的方向发展，就是因为我们不了解听众的心意，因而导致好心办了坏事。所以，不管是做人还是做事一定要恰到好处，说话更是要分清楚场合，才能让事情朝着我们期望的方向发展。

很久以前，有户人家娶媳妇。为了讲究排场，婆婆特意从村子里借了两匹马，和自家的一匹马一起去迎亲。在鼓乐喧天中，新娘子很快骑着马开始往婆家出发，半路上，她急不可耐地掀开盖头，问迎亲的人："这三匹马都是我家的吗？"迎亲的人告诉她："只有中间你骑着的这匹马是你家的，两边的马是你婆婆从村子里的人家借来的。"新娘子不由得忧心忡忡，说："你要是觉得马走得太慢，就打两边的马，这样我家的马也会跟着快起来的。"迎亲的人不知道新娘子的意思，丈二和尚摸不着头脑。

才刚刚到了婆家门口，一下马，新娘子就赶紧叮嘱婆家出来迎接她的人："过日子必须仔细，每次做完饭必须熄火，这样不但能消除火灾隐患，而且还能节省柴火。"婆家人对新娘子的话很不满意，暗暗想道："这新媳妇还没过门呢，就开始当起管家婆了。要是以后她真的成了老媳妇，不定要怎么管着我们呢！"后来，新娘子走过院落，正要迈过门槛进入堂屋时，突然看着脚尖，从眼角的余光看到堂屋门口有个石臼，她又突然停下来说："这个石臼容易绊倒人，再把看热闹的人绊倒了摔伤了，可得破财呢！"就这样，她坚持让扶着她进门的人把石臼搬走。看热闹的人看到新娘子这么操心，不由得觉得可笑。要知道，其他新娘子可都只是一心一意地当好新娘子，对什么事情都不放在心上的。从此之后，村里人都知道这个新娘子非常操心了。

每个看到这个故事的人都会觉得这个新娘子非常可笑。然而笑声之后，我们也应该反省自己，到底这个新娘子为何让人发笑呢？究其原因，她说的事情和操的心原本是没有错的，也并不多余，但是错就错在她当新娘子这天却偏偏要操心，就连当新娘子都阻止不了她指手画脚，这样一来自然就会惹人讨厌了，也难免使人对她心生反感。

现实生活中，我们不管做什么事情都要区分场合，同样的话也许在这个场合说出来就很好，但是在那个场合说出来就格格不入。因而我们唯有在不同的场合说不同的话，而且还要把话说得恰到好处，才能避免贻笑大方。

假如一个人不管做事情还是说话，都从来不区分场合，那么就算他是好心，也很有可能好心办了坏事，导致一切都事与愿违。

伤口撒盐伤更深

每当我们的皮肤有了小小的破损，不管是沾染到洗发水还是护肤品，都会感到钻心的疼。如果碰到盐或者酒精呢？相信很多朋友都会因此疼得龇牙咧嘴。在伤口上撒盐，这句话很多人都知道，但是却少有人感受过切身的痛苦。实际上，在伤口上撒盐真的是非常疼的，尤其是当被别人故意撒盐时，我们更是会因为内心的创伤而受到更深的伤害。

很多人都误以为受伤的人需要安慰，需要疗伤，实际上真正伤心的人最害怕的就是别人提起自己的伤心事。他们只想躲在安静的角落里为自己疗伤，根本不想让其他人打着关心的旗号，一遍又一遍地去揭开他们的伤疤，残忍地对待他们。所以对于受伤的人，我们如果真的怀着好意，也足够尊重他人，就要佯装不知情，从而才能更正确地对待他人。例如除非他人向我们求助，我们不要总是哪壶不开提哪壶，否则一定会使他人陷入尴尬和难堪之中，甚至让原本刚刚愈合的伤口再次鲜血泪泪。

人生在世，谁能没有点儿烦恼呢！在感到痛苦的时候，我们希望别人怎样对我们，我们也要由己及人，怎样对待他人。有的时候，对他人视若无睹是一种不尊重，但是在他人受伤的特殊时刻，对他人视若无睹则是一种认可和帮助。他人自会感激我们的无言，甚至因此与我们成为朋友。

1976年，河北唐山发生了大地震。在这场地震中，无数人失去了生命，留下的人承受着身体残缺、心灵残缺和生命残缺的痛苦。有个孩子在唐山大地震中失去了双亲，并且失去了自己的右臂。他的心破裂了，他的身体再也无法复原了。后来，这个孩子被远方的姑妈收养，从此开始了崭新的人生。姑妈和姑父都可怜这个孩子无依无靠，又经历了这么多磨难，因而全都竭尽全力地帮助孩子修补心灵的创伤。然而，每次有人去姑妈家探望这个孩子时，他们总是问："大地震时你在哪里？你为什么失去了右臂？不要再想你的爸爸妈妈了，好好把人生过好，就是对爸爸妈妈最好的回报。"每次听到类似的话，孩子都觉得自己已经结疤的心再次被揭开，变得血淋淋的。他真想大声告诉那些人："能不能不要再提起那些事情了，能不能放过我？"但是，那些善意和亲情始终捆绑着他，直到几年之后，他都没有走出地震的阴影。

当人们遭受最痛苦的打击时，他们最想做的就是像鸵鸟一样把自己的头埋藏起来。这样，他们才能勉强让自己恢复平静，也给自己更多的时间疗伤。然而，那些所谓的好心人偏偏要一次又一次逼着他们面对伤口，舔舐伤口，原本以为这样可以帮助他们摆脱痛苦，殊不知这样偏偏会使他们更长久地沉浸在痛苦之中。

生活中，我们常常遇到类似的情况。诸如聪明人在探望重病人的时候，不会当着病人的面讨论病情，包括医生也不会直接把糟糕的病情告诉病人，而是先告诉家属，再寻找合适的时机把真相告诉病人。这是人道主义的关怀，也是人性的善良。很多时候我们也许是在伪装坚强，伪装高兴，但是这样的善意伪装恰恰能给他人带来很多好的人生感受。我们最该学会的安慰方式，就是无视他人的痛苦，或者在他人需要时什么也不说，只借给他们一个宽厚的肩膀和温暖的怀抱，让他们尽情地痛哭，这就够了。

控制好奇心，切忌太八卦

好奇害死猫，说的却是人，由此可以推论好奇也害死了不少人。其实，人就是因为好奇，所以无形中惹下了很多祸端，导致自己非常被动。现实生活中，有些人总是无法按捺住自己的好奇心，总喜欢打听他人的隐私问题，最终导致自己被他人厌弃和远离。这还是比较好的结果，如果无形中得罪了他人，遭到他人的阴险报复，那可真是死都不知道自己是怎么死的。打听他人隐私，就像是偷窥他人的生活一样，是不道德的。尤其是在现代职场，人与人之间交往时有很多禁忌，我们唯有摆正自己的心态，端正自己的态度，才能谨言慎行，明哲保身。

不管在古代还是在现代，也不管是在国内还是在国外，感情问题都是绝对的隐私，是不打丝毫折扣的私人问题。偏偏有很多人最喜欢关心他人的感情问题，但是却完全忽略了普通人感情问题的私密性。普通人的感情问题，不会像明星的感情问题一样可以放到放大镜下供人观赏，大多数人都不希望自己的感情问题成为他人茶余饭后的谈资，更喜欢自己与所爱的人可以安安静静地享受爱情的甜蜜和美好。所以明智的朋友们，千万不要轻易涉足他人的感情问题，否则也许会导致事与愿违，反而把自己"长舌妇""大嘴巴""不道德"的恶名传出去了呢！

大学毕业后，莹莹在父亲朋友的帮助下，进入一家知名的金融公司实习。这家公司在行业内是翘楚，因而很多金融人才都希望能够进入这家公司。这次和莹莹同批的总计有十名实习生中，最终只有两个出类拔萃者才能留下来，为此，莹莹觉得压力山大。那些实习生们，也都是八仙过海，各显神通，都想借着实习的机会留在公司。

眼看着半年的实习还有一个月就到期了，突然有一天早晨，莹莹刚刚到单位，同为实习生的默默和倩情就故作神秘地对莹莹说："告诉你一个惊天大消息，周日的时候，我们亲眼看到小薇和公司的一个中层管理者在勾肩搭背逛街购物，一看他们就是情侣关系。看来，咱们的两个留公司名额现在就只剩下一个了。我们拍了照片，准备向公司高层反应他们的不正当关系，你也加入我们一起联名上告吧，毕竟人多力量大，也能够引起高层的重视。"莹莹好半天才听懂他们的意思，有些为难地说："这不太合适吧，毕竟感情问题是他们的私人问题，和工作无关啊。我还是不加入了，我觉得咱们还是要努力工作，才能争取到留下来的机会。"默默和倩倩对于莹莹的选择很气愤，因而她们决定再去联合其他实习生一起维护合法权益。后来，莹莹就不知道事情的发展了，不过最终实习期结束之前，公司突然决定提前辞退包括默默和倩倩在内的好几名实习生。主管还问莹莹："照片事件你参与了吗？"莹莹摇摇头，主管松了一口气说："没参与就好，我可不想自己辛辛苦苦培养出来的人才被淘汰掉。他们啊，就是过于着急了，管了不该管的事情。"

可想而知，默默和倩倩都是因为照片风波才被辞退的。因为她们犯了职场大忌，肆意侵犯他人的感情生活。其实，公司高层也不傻，当然知道她们的用意，而且公司高层也知道恋爱是每个人的权利。要知道，一个公司能否良好发展，不但取决于公司的实力，也取决于公司职员之间的良性竞争和团结合作，他们绝不容忍有这样对待同事的人存在。

对于他人的感情问题，我们无论怎么揣测，都要知道那是他人的私人问题，事关他人隐私，绝不要轻易插嘴。我们唯有尊重他人，才能尊重自己，也才能得到他人的尊重。职场上真正的聪明人，绝不会因为任何事情而利用感情攻击他人，否则只能是自取其辱。尤其是现代职场，人际关系复杂，我们不但要约束自己的好奇心，更要管好自己的嘴巴和手，不要轻易插嘴他人的事情，更不要轻易插手他人的事情。此外，隔墙有耳的事情在职场上并不少见，我们也要三思而行，谨言慎行，从而才能更好地行走职场，让自己获得预期的发展。

他人是非，与你无关

有人的地方，就有是非。曾经有人说，谁人背后无人说，谁人背后不说人。这句话生动地描述了人们在是是非非的旋涡中挣扎沉浮的情形。的确，自从有人类以来，即便是在温饱都不能保证的情况下，也无法抵挡人们背后说人的热情。正是因为议论是非的需求如此强烈，所以社会生活才会变得更加热闹。一旦流言蜚语传播得满天飞，就会有各种各样的麻烦和纠纷出现。作为一个现代社会的人，作为一个在职场上打拼的人，其实真正的明智就是不关心他人的是非，做好自己。唯有如此，才能帮助我们从是非的旋涡中抽身而出，过上清净的日子。

很小的时候，我们每当寒暑假，总是被来家里的亲戚朋友们问及成绩的问题；长大之后，读大学了，又被问及找到合适的工作没有；工作稳定之后，人们的眼光自然而然地就开始盯着你的个人感情问题，随时关注你有没有找到合适的女朋友；等到好不容易结婚了，七大姑八大姨又开始讨论传宗接代的难题……总而言之，只要活着，这日子似乎就没有消停的时候。每当被追问，每当被关心，作为当事人的我们总是万般无奈。难道找什么样的女朋友、生闺女还是生儿子，不应该是只与我们自身有关的事情吗？偏偏有些人就喜欢以此作为茶余饭后的谈资，恨不得取代我们去做这些事情呢！

说起是非，人们总是觉得女人更容易陷入流言蜚语，也更具有传播流言蜚语的天赋。事实的确如此，这是因为自古以来男主外，女主内，所以家庭主妇总是有更多的时间关心这些无关紧要的事情。随着妇女地位的提高，很多女性不但要照顾家庭，而且还要和男性一样在职场上打拼，与男性平分秋色，因此女性朋友们也就失去了闲聊的闲情逸致。即便偶尔与他人闲聊，也愿意说些更加有意义的话题。因而，现代社会的女性朋友已经不再能"三人一台戏"了。退一万步说，如果同是职业女性，想要三个人都凑齐也不容易！当然，议论和传播是非并非是女性朋友的专利，很多男性朋友同样也喜欢在背后说他人的是非，惹人生厌。因此，不管是男性朋友还是女性朋友，都应该管好自己的嘴巴，尽量少打听他人的是非，这样也能明哲保身，为自己减少麻烦。

刚刚进入公司时，领导还是挺喜欢小黄的。然而，有一次小黄去向领导汇报工作，恰巧遇到领导正在办公室里通过电话和媳妇吵架，似乎闹得很不愉快的样子。偏偏小黄是个大嘴巴，出了办公室马上就和要好的同事窃窃私语："刚才我去找领导汇报工作，他正与媳妇吵架呢！吵得可凶了，看起来马上就要散伙的样子。不过我琢磨着他们不能散伙，领导都四十多岁了，肯定有孩子了。就算夫妻情分不在了，为了孩子也得勉强维持家庭。对了，我和你说的话，你可千万别告诉别人。要是被领导知道是我出来散播小道消息的，非得把我开除了不可。"当时，听话的人信誓旦旦，发誓为这件事情保密，也为小黄保密。然而，几天之后，几乎整个部门的人都知道了领导与其媳妇吵架的消息。领导又不傻，稍微想了想，就知道了一定是小黄在背后嚼舌根。

后来，恰逢另外一个部门缺人，领导就把小黄调走了。小黄离开了办公室，原本刚刚熟悉的工作戛然而止。到了新部门之后，他因为不能很好地适应，没过多久就辞职了。

古人云，谣言止于智者。作为谣言的源头，而且是当事人一看就可知的谣言传递者，小黄的做法无疑是愚蠢的。在关系越来越复杂的职场上，要想明哲保身，必须做到谨言慎行，千万不要在背后说他人的是非。尤其是关于领导的是非，不管得到什么小道消息，都不要四处散播，否则就会影响职业生涯，得不偿失。

不管出于什么样的原因，我们都坚决不能在背后议论他人。常言道，世界上没有不透风的墙。只要你在背后说了他人的是是非非，他人就总有一天能够知道。如此一来，你非但背上了散播谣言的罪名，还会得罪朋友，可谓损失惨重。因而，聪明人从来不做这种糊涂事。

聊天点睛：

所谓病从口入，祸从口出。要想身体健康，我们必须把好关，千万不要让不利于身体的食物进入体内；要想做人清净，我们也一定要把好关，千万不要让不该说的话从嘴巴里溜出去。只要管好了这一进一出，我们的人生就会变得更加简单纯粹，也就会少一些烦恼。

参考文献

［1］马东.好好说话：新鲜有趣的话术精进技巧［M］.北京：中信出版社，2017.

［2］孙路弘.说话就是生产力［M］.厦门：鹭江出版社，2010.